Sou Médium, o que Fazer Agora?

Psicografado por Mariângela Muselli

(Mãe Ângela d'Oxum)
Com a orientação dos guias e mentores da
Casa da Caridade Cacique do Sol

Sou Médium, o que Fazer Agora?

MADRAS

© 2013, Madras Editora Ltda.

Editor:
Wagner Veneziani Costa

Produção e Capa:
Equipe Técnica Madras

Revisão:
Luciana Moreira
Francisco Jean Siqueira Diniz

Dados Internacionais de Catalogação na Publicação (CIP)
(Câmara Brasileira do Livro, SP, Brasil)

Sou médium, o que fazer agora? / com a orientação
dos guias e mentores da Casa da Caridade Cacique
do Sol ; psicografado por Mariângela Muselli. --
São Paulo : Madras, 2013.

ISBN 978-85-370-0859-1

1. Espiritualidade 2. Mediunidade 3. Psicografia
4. Umbanda (Culto) 5. Umbanda (Culto) - Filosofia
I. Casa da Caridade Cacique do Sol. II. Muselli,
Mariângela.

13-05500   CDD-299.672

Índices para catálogo sistemático:
1. Umbanda : Obras mediúnicas psicografadas :
Religião 299.672

É proibida a reprodução total ou parcial desta obra, de qualquer forma ou por qualquer meio eletrônico, mecânico, inclusive por meio de processos xerográficos, incluindo ainda o uso da internet, sem a permissão expressa da Madras Editora, na pessoa de seu editor (Lei nº 9.610, de 19.2.98).

Todos os direitos desta edição reservados pela

MADRAS EDITORA LTDA.
Rua Paulo Gonçalves, 88 – Santana
CEP: 02403-020 – São Paulo/SP
Caixa Postal: 12183 – CEP: 02013-970
Tel.: (11) 2281-5555 – Fax: (11) 2959-3090
www.madras.com.br

*"O sucesso, a gratidão e a generosidade
residem em almas únicas e nobres,
raramente encontradas."
Guardião Tranca Rua das Almas*

Dedicatória

Dedico esta obra a todas as minhas entidades, que nunca me desampararam e tiveram – sempre – muita paciência em esperar meu desabrochar mediúnico.

A meu marido Arnaldo, que sempre esteve ao meu lado, acreditando, e em muitas situações me orientando. Seu amor, sua paciência e sua dedicação são lições a todos nós. Sem ele acho que não chegaria até aqui, ele é meu anjo particular que Deus me trouxe para que eu não desviasse do caminho.

Dedico e agradeço também a todos os filhos da Casa Cacique do Sol, que depositam sua Fé, dedicação e amor às entidades e à casa. Em especial ao meu braço direito da casa, Pai Pequeno Filipe d'Ogum, e à Mãe Pequena Magali d'Iansã, que nas piores fases nunca me desampararam. Especialmente ao Iaô (filho) Sérgio Lapastina, que me ajudou a publicar esta obra. Sei que você não chegou ate nós por acaso, é mais um anjo enviado por Deus para completar e alegrar ainda mais as bênçãos de minha vida.

Enfim, agradeço a todos que de uma forma direta ou indireta contribuíram para realizar este sonho.

Um dia eu decidi me dedicar a levar as palavras do Cacique do Sol para a evolução de todos os irmãos. Desse dia até hoje tenho me dedicado a ser um instrumento da vontade e da atuação de Deus e dos Orixás sobre os homens e, por tanto ter aprendido, por tanto ter recebido e por tanto ter a agradecer é que renovo esse compromisso, dedicando este livro – um pedaço deste maravilhoso trabalho – ao futuro: que ele venha repleto de realizações, de bênçãos douradas a todos que assim acreditarem e fizerem por merecer.

Mãe Ângela d'Oxum

Índice

Abertura 11
Biografia 13
Lições do Cacique do Sol – Fé 17
Prefácio 19
Introdução 21

Capítulo I
Quem Está no Leme do Seu Barco? 25

Capítulo II
Energia 33

Capítulo III
Como Criamos Nossos Estados de Comportamento? 51

Capítulo IV
Fluidos 57

Capítulo V
Chacras 69

Capítulo VI
Ser Médium 85

Capítulo VII
O Espiritismo 103

Capítulo VIII
Dimensões 109

Capítulo IX
Leis Universais 115

Capítulo X
Umbanda 131

Conclusão 139
Ser Nobre 141
Uma Aula do Exu Guardião Marabô das Almas 143
Ser Feliz 150

Abertura

Você já deve ter lido muitos livros em sua vida. Mas você já conversou com um livro?

Não, não sou louco, nem o estou chamando de louco (embora um pouco de loucura não faça mal a ninguém), mas prepare-se para ter uma experiência diferente com *Sou Médium, o que Fazer Agora?*.

Muitos livros foram escritos de uma forma direta, em linguagem simples, mas este foi o primeiro que encontrei cujas palavras, mesmo impressas no papel, saltavam de suas páginas e eu praticamente conseguia ouvir o Vô Thomaz e o Pai José de Aruanda, o Guardião Marabô das Almas e a Maria Amélia, o seu Flecha Ligeira, o Sultão das Matas e o Cacique do Sol, sejam incorporados ou intuindo aquela que tenho a bênção e a felicidade de chamar de Meu Anjo Bom, a Yalorixá Mãe Ângela d'Oxum, conduzindo suas aulas, suas giras, seus aconselhamentos e seus trabalhos.

Sou Médium, o que Fazer Agora? é mais que uma obra essencial para todos aqueles que querem compreender o que acontece nesse maravilhoso universo da doação, da fé, do amor e da caridade chamado Espiritualidade e a relação desse plano conosco, que estamos cursando mais um passo em nosso processo de evolução, contando com nossos Guias e Mentores para nos auxiliar – e, não raramente, dar um belo puxão de orelhas.

Portanto, se em algum momento você se pegar respondendo a uma das diversas perguntas que o livro faz para você, parando para refletir em uma ou outra afirmação e até mesmo fechando suas páginas de uma hora para outra para buscar uma lembrança, mexer em alguma coisa, conversar com alguém e somente depois voltar à leitura... que bom, acho que, ao menos um pouco, o objetivo dessa aula foi atingido.

Sendo assim, já que este livro, a partir de agora, vai começar a conversar com você, deixe de lado as preocupações, fale você também com ele. Afinal de contas, se você o tem em suas mãos é porque precisa da resposta para, ao menos, uma pergunta: você é médium, e agora?

Sérgio Lapastina

Biografia

Nasci na Sexta-Feira Santa de 1965, trazendo para minha mãe muitos problemas na gestação e no parto. No meu primeiro ano de vida fui criada pela minha avó, uma italiana, católica apostólica romana de carteirinha. Todos da família eram católicos fervorosos, menos o meu pai, Sr. Antonio Muselli, minha inspiração, que era extremamente espírita, umbandista, para ser mais clara. Minha mãe permaneceu internada após meu nascimento, saindo do hospital meses depois.

A muito contragosto, um dia me levou até a casa que meu pai frequentava. Era de uma senhora vizinha que incorporava uma entidade e esta mandou um recado pelo meu pai: nós duas tínhamos sido vítimas de magia negra e teríamos desencarnado se não fosse a intervenção das entidades de luz.

Como se chamava essa entidade? Senhor Ogum Beira-Mar.

Minha mãe, apesar de totalmente descrente da religião, estava cansada daquela situação, que era um verdadeiro sofrimento. Eu estava com quase 1 ano e ela mal me conhecia. Sabia que havia saído do hospital devido a um trabalho realizado no centro, isso havia nos salvado, então se sentia na obrigação de agradecer.

Ela já estava melhor, em casa; sentia-se curada e começava a cuidar de seu bebê, que pouco havia acarinhado.

Quando ela entrou no centro achou tudo muito bonito, carregava uma menina loirinha em seus braços, com seu desenvolvimento para idade de 1 ano comprometido. Aconteceram as orações, as músicas cantadas, e o senhor Ogum veio em terra.

Quando fomos chamadas para o passe eu não parava de chorar, estava sempre agitada, não dormia, comia mal, tinha vômitos constantes e chorava muito. O senhor Ogum me pegou no colo e imediatamente eu parei o choro, e dali a alguns instantes dormia profunda e tranquilamente, o que era inédito até então.

O caboclo Ogum Beira-Mar, em sua plenitude e sabedoria, olhou para minha mãe e disse:

– Pronto, filha! Pode ficar tranquila, ela está curada! Quando destravar a fala, não irá parar mais.

Minha mãe, muito cética, olhou para ele e disse:

– Se minha filha ficar realmente curada, serei sua médium até o fim de meus dias.

O Ogum olhou pra ela e disse:

– Não se preocupe, tudo a seu tempo, ainda iremos nos ver muito, deixe a vida tomar seu curso. Tudo ficará bem.

Pois acredite, minha mãe comandou durante 30 anos o Templo de Umbanda C.E.U. – Codificação Espírita Universal. Meu pai era presidente da entidade e ela, a mãe espiritual da casa.

Seus comandantes: Senhor OGUM BEIRA-MAR, Senhor Tranca Rua das Almas e Pai Joaquim de Aruanda.

Enfim os anos se passaram. Cresci e me tornei adolescente dentro da Umbanda. Com a carga energética que nasci, era óbvio que eu era MÉDIUM, vidente desde pequena. Não entendia nada, mas me divertia vendo o seu Tranca Rua trabalhar e comia a farofa dele, pegava da tronqueira e comia, achava gostoso, ele não brigava e eu me sentia feliz!

O tempo passou, eu me casei, tive dois filhos abençoados. Mas minha mediunidade não havia se manifestado até então. Tomava meus passes, ajudava minha mãe no centro, mas não tinha manifestação nenhuma. Porém, um dia, sem mais nem menos, caí dura, desmaiada na cozinha de minha casa. Foi um custo para me levantar e ninguém me tirava do chão. Meu marido conta que eu olhei para ele e disse:

– Me leva para o centro de minha mãe.

Eu acho que foi isso, pois não me lembro de nada até hoje.

Enfim, a caminho do C.E.U., meu marido, já apavorado, (de educação evangélica e muito cético de tudo), chega ao centro, nervoso (por ele teríamos ido para um hospital). Com a ajuda dos médiuns, ele me tirou do carro. Ao adentrar, dei um pulo dos braços deles e fui parar de frente para o altar, dando um brado (grito) de caboclo, virei-me para os presentes e falei (bem, não fui bem eu quem falou...):

– Sou Cacique do Sol, e a partir de hoje minha menina começa sua missão espiritual.

Meu marido estava branco. Achei mesmo que íamos nos separar, porque eu frequentava o centro escondido e com sua desaprovação. Mas, com muito carinho e seguindo a orientação de minhas entidades, fui levando tudo com jeitinho.

Porém, logo que iniciei o desenvolvimento da mediunidade, um ano depois minha mãe sofreu um ataque do coração e veio a falecer.

Entrei em choque! Desequilíbrio. Fechamos o centro!

E eu médium, e agora?

Como meu marido não aceitava muito a religião umbandista e eu estava em choque, larguei tudo e passei a frequentar outras religiões, com as quais não me identificava, porque nenhuma delas respondia às minhas perguntas, nem tirava minhas dúvidas.

Foi quando em um surto de febre emocional e gripal, em meio a uma profunda depressão, vi meu Preto-Velho me dando passe. Comecei a chorar, achei que estava enlouquecendo.

Mas logo adormeci. Quando acordei, senti que algo novo estava acontecendo, eu estava diferente, calma, serena, não me reconhecia.

Peguei um papel e comecei a escrever a primeira lição do Cacique do Sol – a mensagem de FÉ que está neste livro.

A partir daí não parei mais, os anos se passaram, eu voltei à Umbanda, passando de centro em centro. Não me encontrava, ninguém me respondia nada. E minhas dúvidas só aumentavam. Em um de meus desabafos com minha irmã, resolvemos fazer giras em casa, reunimos os amigos e familiares mais íntimos. Meu marido, de tanto me ver sofrer, começou a me apoiar na tentativa de me tirar desse sofrimento. Porque se assim eu melhorava, ótimo, era tudo que ele queria: ver-me bem.

Intuitivamente, eu sabia o que tinha de ser feito: preparar o ambiente, fazer as proteções, realizar os banhos e formar a corrente de oração.

E assim começou. Vinha o Vô José de Aruanda, o Caboclo Flecha Ligeira, o Sr. Marabô das Almas, e assim começaram a chegar as respostas, porque cada gira era uma aula, e, logo, uma psicografia.

Vieram amigos de amigos e começaram a chegar os filhos do Cacique do Sol.

Muita coisa aconteceu, daria outro livro.

Dois ou três anos depois estávamos com nosso salão, e em março de 2000 inaugurávamos a CASA DA CARIDADE CACIQUE DO SOL, hoje com 12 anos de funcionamento, além de dois outros templos que nasceram do nosso.

E eu?

Hoje sou Yalorixá da Casa Cacique do Sol, coroada em Oxum, e meu marido é presidente da instituição. Foi ele quem nos presenteou com a locação do salão. Minha irmã, que sempre me apoiou e caminhou comigo, é a Mãe Pequena da casa; meu sobrinho, filho mais velho dela, é meu Pai Pequeno, e alguns anos depois tivemos a honra de sermos presenteados pelos guias espirituais com a nossa consagração no colégio de magia do Pai Rubens Saraceni.

Foi fácil?

Não, irmão, não foi, mas valeu a pena tudo o que passei, os erros que cometi, os tombos que levei, sei que ainda cometo muito erros, caio algumas vezes. Mas acredite, aprendi a lição e estou aprendendo a cada dia, a cada gira, a cada aula, com cada filho, com cada irmão.

Estudei muito, e ainda estudo, mas aprendi a lidar com minha mediunidade, aprendi a ser médium. E o mais importante: SOU FELIZ! Porque sei quem sou, e a quem represento.

Espero que aproveite este livro, que possui um linguajar simples, mas com extrema sabedoria de vida. São lições que recebi de minhas entidades e que hoje aplico em curso aos frequentadores da nossa casa e que com certeza comprovamos seus resultados.

Sou médium, e agora?

É a resposta de uma pergunta que fiz a um velhinho chamado Pai Thomas, ao Pai José de Aruanda e a todas as entidades que enxugaram minhas lágrimas e me amparam para chegar até aqui.

ENTÃO APROVEITE, SEJA BEM-VINDO À SUA NOVA VIDA!

Mariângela Muselli

Lições do Cacique do Sol – Fé

Quando foi a última vez que você parou para pensar no que é a Fé? O que na verdade você acha ou pensa sobre a Fé?

Será que Fé é buscar nas religiões e seitas as soluções para seus problemas materiais, sentimentais e financeiros?

Será que nossas atitudes e sentimentos pesam sobre nossa Fé? Aqueles sentimentos mesquinhos, vingativos, odiosos e egoístas, que jamais poderiam existir no coração humano.

Pois agora, meus filhos, eu vos direi o que é a Fé.

A Fé é aquela força enorme que nasce bem dentro de nós, na altura do umbigo, e essa força cresce até seu coração.

E nesse momento, nossos sentimentos, quando esta luz interna nos invade, se transformam. E em vez de mesquinho e egoísta se torna caridoso e compassivo, de vingativo se torna amoroso e em vez de odiar nasce o perdão.

Sim, o perdão, a compreensão, a paciência, a caridade e o amor.

Assim seu caminho se transforma, então você busca o conforto e a paz espiritual, a tranquilidade mental.

Esta Fé, esta luz invade seu ser.

Então acredita que Deus está em você, presente em seu lar e em todo o seu caminho, e seus problemas passam como chuva de verão.

Tudo porque simplesmente você tem FÉ.

Cacique do Sol

Prefácio

Muito se fala em espiritualidade. O que não falta nas prateleiras das livrarias e nos *sites* da internet são autores, livros, artigos, estudos, muita coisa já foi publicada sobre o plano espiritual e sobre o dom da mediunidade. Contudo, mesmo com essa quantidade imensa de material, as dúvidas e as incertezas ainda pairam sobre a mente humana quando uma pessoa se conscientiza de que é médium.
Como viver com isso, o que faço agora?
Há muito e muito tempo, na verdade há milhares de anos, a mediunidade já era um fator não somente existente, mas que exercia fascínio, curiosidade, medo e admiração (entre tantas outras sensações) no ser humano e influenciava sua relação familiar, afetiva e social.
Você já parou para pensar como chegamos aqui nos dias de hoje?
Qual é a razão de estarmos presentes neste mundo? E, acima de tudo, temos certeza que você já se perguntou:
– Por que eu, por que isso acontece comigo?
Antes de tudo é preciso entender – e compreender – que fazemos parte de um universo onde tudo gira em perfeita harmonia e ordem; onde o espiritual é uma força maior e mais intensa que o material.
Hoje a falta de aceitação e o ego tomam conta de tudo que é divino e perfeito. Existe uma dificuldade imensa de aceitar e de compreender que nossa vida é frágil e pequena perante a Criação Divina.

Somos seres em processo de aprendizado e evolução. Somos espíritos que aqui vivem para superar seus erros e defeitos perante a Lei de Deus – e esta sim talvez seja a primeira grande lição deste livro: é o espírito que precisa da matéria para cumprir mais uma etapa de sua caminhada; essa carcaça que você usa, esse corpo que esse espírito habita é descartável, e quando é chegada a hora ele volta ao seu estado de pó perante a criação de Deus.

Porém, não é porque somos "descartáveis" que podemos relaxar. Muito pelo contrário, precisamos fazer o melhor e realizar o propósito que aqui viemos realizar. Dentre todas as responsabilidades que assumimos ao reencarnar, uma das mais importantes é a de evoluir, crescer e aproveitar esse dom dado a todos nós, sem medo de viver.

Sim, a mediunidade é um dom dado por Deus, para que o homem conseguisse aperfeiçoar seu íntimo e seus extintos.

Nós somos energia pulsante no universo, tudo é energia, mas o que é isso?

Sou Médium, o que Fazer Agora? é um livro com ensinamentos e orientações passadas pelas entidades que incorporo, e que durante os últimos anos busquei colocar em prática e repassar aos médiuns que passaram pela minha casa e aos que hoje lá estão.

Muitas pessoas praticam sua mediunidade todos os dias em tudo que faz; aqui você vai aprender a utilizar sua mediunidade para seu benefício e para o dos outros, pois é para isso que estamos aqui. APRENDER, eis a palavra-chave, aprender sempre.

> *"Quando pensamos que sabemos tudo, está na hora de aprender tudo de novo."*
>
> Pai José de Aruanda

Aprender a conhecer a si e suas entidades. Saber lidar com o que está em volta; estamos falando em qualidade de vida, não dar abertura para o negativo e para o mundo das trevas.

Neste trabalho muitas entidades colaboraram com sua parte de forma íntegra. Tudo está à nossa disposição, basta nos permitirmos e aproveitarmos o que é dado a nós com tanto amor pelo plano astral.

Então agora abra sua mente, permita-se mudar e vamos começar a aprender.

Mãe Ângela d'Oxum

Introdução

Sou médium, e agora?

O que eu faço quando eu descubro que sou médium?
O que é mediunidade?
O que é essa energia que sinto? O que é isso?
Não acredito em nada, tenho medo, não quero isso na minha vida!
Quando sentimos, falamos ou começamos a viver a mediunidade, temos medo.
Sentimos medo do que vemos, do que sentimos, do que sonhamos. Tudo ao nosso redor torna-se diferente, esquisito e estranho. Afinal de contas, o desabrochar da mediunidade afeta tudo que está à nossa volta, em primeiro lugar pelo simples fato de não compreendermos o que está acontecendo.

> *"Deus nos fez perfeitos e não escolhe os capacitados, capacita os escolhidos. Fazer ou não fazer algo só depende de nossa vontade e perseverança."*
>
> Albert Einstein

Jesus Cristo foi o maior e mais perfeito médium da história conhecida da humanidade. Sua missão era grandiosa e seu sacrifício pelos seus irmãos demarcou a sua onipotência e onisciência perante a criação.

Depois dele muitos médiuns foram ícones de nossa história. Albert Einstein foi um grande médium e espírito de luz. Poderíamos fazer aqui uma lista enorme de estudiosos e mentes brilhantes que para sua época eram espíritos avançados e suas convicções vinham acima de qualquer coisa.

O que os diferenciava? O que os movia? O que os fez ser o que eram e marcar o seu lugar na história? O que eu tenho a ver com eles?

A primeira grande lição que eles entenderam e que você precisa entender: abra sua mente e seu espírito para sua jornada terrena, você não é o único, você não está sozinho, você não é o primeiro e não será o último, mas sim faz parte de um grande e harmonioso conjunto que está em evolução.

Para esse preparo é preciso que você estude e, com esse estudo, que venha a aprender a fazer um bom uso da mediunidade e utilizá-la de forma que venha a se beneficiar com o que está recebendo; ter comprometimento consigo mesmo e não temer seu crescimento e melhora.

Ter mediunidade é ser o intermediário entre o mundo espiritual e o mundo material.

O médium é o propósito espiritual para a prática da caridade, para a prática das leis de Deus e para elevação do ser como um todo.

Portanto, TER MEDIUNIDADE e SER MÉDIUM é ter uma vida de regras e condutas.

É fazer uma reciclagem pessoal, uma reforma íntima e aceitar seus defeitos e suas qualidades. É ter autoconhecimento para poder progredir e cumprir a missão a que veio nesta linha temporal determinada pelo espaço e pelo mundo espiritual.

"As coisas continuam as mesmas, somos nós que mudamos perante elas e perante a vida. Somos nós que mudamos, nós mesmos, tudo parte de nós"!

Marabô das Almas

A Mudança: quando nós escolhemos a mudança e partimos em busca dela, o mundo ao seu redor começa a mudar também.

Nós sempre estamos praticando a mediunidade, você está constantemente em contato com a sua mediunidade.

Olhe o mundo de uma forma diferente, comece a observar as pessoas ao seu redor, reconheça as pessoas que você tem contato todos os dias.

- Quantas vezes você cumprimentou o porteiro de seu prédio?
- Ou o seu vizinho?
- Ou o vendedor de uma loja que você costuma visitar com frequência?

Saiba conhecer as pessoas, viver em harmonia constante, deixar a sua marca, olhe para as pessoas com amor, não com rancor, saiba ser gentil com elas, dar aos outros o que queremos receber.

Sua reforma íntima dói, por isso muitos não têm coragem de expor a mediunidade como ela deve ser.

Você precisa aprender o que está gerando ao seu redor, aprender a ser neutro, a ser mais equilibrado com todos à sua volta.

Deve aprender a aceitar sua mediunidade, esse dom divino, e parar de brigar com sua vida.

Capítulo I

Quem Está no Leme do Seu Barco?

Antes de sair com seu barco para o mar, você precisa parar e olhar para o horizonte e analisá-lo:
Como está o mar e a maré?
Como está o vento e como estão as águas?
E seu barco? Está pronto para enfrentar mar aberto?
Seu convés está em ordem e a carga no porão do barco está presa e arrumada?
Como está a sua carga?
Quem está no leme desse barco?
Quem conduz o leme de sua vida?
Precisamos entender que uma vez a mar aberto tudo é desconhecido e novo, temos que saber como segurar o leme e ter força para não deixá-lo escapar.
Muitas vezes não podemos voltar ao porto e a tempestade é inevitável.

Pai Thomas

A nossa vida é um mar, sendo ele o nosso destino e o nosso dia a dia, nós somos o barco que navega por esse mar. Às vezes você quer uma coisa, mas na verdade está vivenciando outra. Saiba falar não, pois é importante viver a sua vida e não a dos outros.

Quando o mar está revolto, nós controlamos o leme que nos dará a direção, o caminho, o foco, o destino que queremos ir. Dentro deste mesmo barco temos a carga, que são os nossos sentimentos, e por mais revolto que o mar esteja não podemos nunca abandonar o seu leme, para que essa carga não fique sendo jogada de um lado para o outro, porque assim perdemos o seu controle.

Temos que lutar para manter o leme firme, pois o mar irá nos jogar à direita ou esquerda, ficará revolto e tentará mudar nossa rota, muitas vezes conseguirá. Portanto, mesmo com dificuldades, devemos sempre nos manter atentos para não perder o nosso foco, nossa direção. Devemos lutar contra as adversidades e ter muita atenção com os sentimentos, essa carga jogada de qualquer jeito no porão de seu barco.

Os sentimentos que conseguimos diluir não nos deixam sofrer, passaram por perdas e danos, fazem parte de nosso aprendizado. O que não podemos é sofrer e não superar esse sofrimento. Ficar vinculado a ele para sempre.

Saber sempre qual é a carga (sentimentos) que está carregando, prestar atenção, "não misturar as mercadorias", jogar fora o que deteriorou. Recomeçar. Utilize tudo que já viveu e presenciou de forma positiva, sempre com coisas boas, ou seja, não reviver o passado, não trazer novamente para o barco aquilo que já foi jogado fora.

Entenda a energia que você cria como criador e receptor de energias. Tenha objetivos concretos, não sustente energias negativas.

Nesta terra ninguém é de ninguém, a vida circula, se move, e temos que saber lidar com os sentidos, pois aí fora estão vivendo aos extremos. Então cuidando para não cair nessa, não se feche em seu mundo, não seja individualista, muitos se esqueceram de SER para poder TER.

Agora responda de forma sincera antes de continuar a leitura:

1) Onde está o leme do seu barco?
2) Para que lado ele se encontra?
3) Onde você se encontra nele?
4) Como está a sua carga?
5) Que tipo de carga está no barco?

Olhe para si e para as pessoas à sua volta.

Hoje as pessoas deixaram de se olhar, de conviver, de se falar e estão deixando de viver momentos que poderiam ser simples e de extrema felicidade. Hoje as pessoas julgam as outras por sua condição social, por seu dinheiro, olham somente o exterior.

Será que você está assim? Pense e reflita.

Será que não está no momento de abrir sua mente para esta lição de vida?

Afinal de contas, não adianta falar ou ensinar mediunidade se não começarmos a compreender melhor nós mesmos e nosso interior. É hora, então, de fazer uma autoanálise.

Vamos explicar melhor para que fixe e abra a sua mente para esta lição de vida.

AUTOANÁLISE			
Mar	Barco	Leme	Carga
Vida	EU	Direção	Sentimentos
Destino / Mundo Seu mundo Sua Vida	Minha Vida Físico Espírito	Onde eu estou? Objetivo Direção, foco	Acontecimentos marcantes Intensidade da dor
VIDA	EU FÍSICO	OBJETIVOS	SENTIMENTOS

Mar

A representação do MAR aqui quer dizer a vida, o mundo como ele se expõe, como ele é na realidade. Então como está a sua vida em relação ao mundo? Este mundo está em nós, porque somos um todo.

Às vezes não fluímos nossa vida por culpa nossa, por deixarmos o ego dirigir nossos passos. Não é fácil se perdoar, mas é muito mais difícil ver o tempo que perdemos nos remoendo pela culpa. Nunca se culpe, aprimore-se.

Não vire as costas para o mar (vida) porque ele o engole. Quantas vezes em nossa vida queremos uma coisa e seguimos em outra direção? Quantas vezes damos as costas para o mar e tomamos um tapa da vida? Quantas vezes não realizamos aquilo que realmente gostaríamos de ter feito e depois fica o arrependimento?

Barco

A representação do BARCO quer dizer os cuidados que você dá ao seu corpo físico. Como você cuida de você mesmo, seus cuidados e modos alimentares. Abusar e entrar nos exageros da vida, como álcool, drogas e remédios, é fuga.

Você é o que você come! É o que você bebe! E, acima de tudo, é o que você pensa!

Não descuide de você em todos os sentidos. Cuide de sua aparência, seus cabelos, seus dentes e muitas vezes até de sua higiene pessoal. Você é perfeito porque é visto no universo como um todo. Uma espécie única na criação de Deus. Faça jus a essa dádiva e cuide desse corpo durante o tempo que lhe foi dado para utilizá-lo. Ele é seu templo.

Leme

A representação do LEME é o sentido que damos a tudo em nossa vida.

Seu espírito, seus objetivos, a direção e as decisões que se tomam na vida têm que ter sentido.

Fazer o que não o realiza; o que não dá gosto de fazer, o que não traz prazer: isso precisa ser feito?
Como está o seu Mar?
Quantas vezes deixamos nossa vida seguir à deriva?
Em nossa vida devemos ter sonhos, metas e objetivos.
Qual é o foco que você quer dar à sua vida? Por isso, devemos saber quem está conduzindo o leme de sua vida como também em qual direção está levando o seu barco.
Tome seu leme, segure firme, não se deixe à deriva. Muitas vezes o MAR irá jogar de um lado pro outro, mas seja firme, tome o que é seu e segure firme a cada jornada que encarar.

Carga

Aqui a CARGA representa todos os sentimentos que guardamos e os acontecimentos da vida que marcam nossas mentes e nossos destinos.
Temos que jogar essa carga apodrecida fora, não temos mais como levá-la adiante, precisamos renovar o mais rápido possível.
Quais acontecimentos você está carregando?
Como está conduzindo os sentimentos dentro de você?
O que está sentindo, de forma geral, é bom ou ruim?
Cuidar da vida dos outros e falar é fácil, porque às vezes você joga o seu problema para o outro e foge de si mesmo.
Existem pessoas que são especialistas em fugas, em fugir dos seus próprios problemas. Quem se utiliza muito da fuga é porque tem que corrigir o seu íntimo, pois assim vai poder aprender o que precisa, entender a si mesmo.
O mesmo vale para aqueles que são muito críticos. Na verdade, ao se preocupar em olhar o lado ruim das coisas, deixam passar as coisas boas. Essa negação é motivada pelo medo, parece que tudo é ruim, que nada está certo; mas não é assim que devemos agir.
É importante saber deixar a vida fluir, seguir seu curso, e nesse caminhar temos um papel a desempenhar.
Para poder fazer isso, temos que arrumar nossa carga, não deixar os sentimentos soltos e mal resolvidos. Devemos sempre resolver tudo aquilo que nos incomoda, então não se deixe deteriorar.

Por isso tem a hora do basta. Muitas vezes, ao determinar que "agora é a hora, agora é a minha hora", você será criticado, taxado de louco, mas somente assim conseguirá abrir a cabeça, olhar para o horizonte e levar o seu barco no seu mar, com seu leme bem direcionado. Somente assim sua carga não vai se avariar.

Lembre-se: Você precisa conduzir sua vida, não ser conduzido.

Nós somos um todo! Você é a principal e mais importante pessoa do universo, por isso ame-se, valorize-se e conquiste seus sonhos. VIVA!

Olhe as pessoas! Hoje elas deixaram de se olhar, de conviver, de se falar, deixaram de se sentir como irmãos e estão deixando de viver.

> *"Enquanto eu critico, eu me escondo. Você pode ter todo o dinheiro do mundo, mas se não tiver classe não tem nada, mas pode não ter nenhum dinheiro, porém tem classe, aí você tem tudo."*
>
> Maria Amélia

O que isso significa para você?

As pessoas se julgam por sua condição social, por seu dinheiro, pelos seus egos, olham somente o exterior e esquecem-se de se conhecer pelo que realmente são; tornam-se espíritos medrosos e temerosos por ações condenadoras.

É preciso ver a essência de sua existência e ver o interior, buscar o que realmente enobrece e enriquece a alma.

O que é viver para você?

Sinta a energia que está à sua volta, preste atenção ao seu redor, sinta a energia de seu corpo, de sua casa, de seu trabalho, aflore sua percepção.

Para você conhecer a sua espiritualidade é necessário você se conhecer primeiro, porque como podemos falar do etéreo se não o vemos, nem o pegamos?

Como saber o que é etéreo sem conhecermos a nossa própria energia?

O que é energia dos outros e o que é minha energia?

É necessário saber diferenciar os tipos de energia que nos rodeiam.

O que você já mudou na sua vida?

Que acontecimentos e atitudes ocorreram em sua vida que no passado você olharia com um ponto de vista e hoje você vê diferente?

Quando mudamos, modificamos o mundo a nossa volta.

Nós melhoramos quando colocamos tudo que aprendemos em prática. Quem resolve sua vida é você mesmo, não as entidades, elas podem ampará-lo, não resolver.

Agora que já conseguimos fazer você pensar em certas coisas na sua vida e em você, podemos iniciar realmente os capítulos de nosso livro.

Porque se você realmente leu e entendeu, aplicou o exercício, tenho certeza de que daqui para adiante este livro irá mudar e o ajudar a melhorar a sua vida.

Acredito que podemos ter qualidade de vida e resultados a partir do que geramos no autoconhecimento e no íntimo.

Espero que você, ao terminar sua leitura, seja uma nova pessoa.

Renascer é maravilhoso, e este universo que o aguarda é fantástico!

Bem-vindo!

> *"Senhor: não permitas que eu me deixe ficar onde estou! Ajuda-me, Senhor, a chegar onde Tu esperas que eu chegue!"*
>
> Maria Amélia

Capítulo II

Energia

Vamos começar com uma pergunta simples: o que é energia?
Para que possamos resumir em uma só palavra: energia é tudo.

A energia é composta por partículas de átomos, elétrons, nêutrons, prótons que vibram em constante sintonia na atmosfera e nos corpos existentes no planeta Terra. Ela é composta por moléculas girando ou vibrando em várias velocidades e em vários sentidos; as energias se chocam a todo instante. Ela é tudo que nos impulsiona e o que nos mantém em ativação constante com o corpo e o espírito.

Possuímos além do corpo físico, que é esta carcaça que carregamos, outro corpo astral e etéreo ou espiritual. Como no plano espiritual tudo flui de forma mais sutil, a energia do corpo astral vibra em velocidade muito mais rápida do que no corpo físico, em que tudo é mais denso e, justamente por isso, flui com uma velocidade menor, bem mais baixa que a do corpo tridimensional.

A energia é neutra em todos os seus aspectos, somos nós que criamos, geramos e distribuímos energia, como também recebemos, atraímos e condicionamos as energias que se chocam ao nosso redor, transformando-as nas sensações que temos e sentimos durante todo um dia, como calafrios, sono repentino, arrepios, dores, cansaço, etc.

No espaço nossas energias circulam e se chocam, criando entre as pessoas a troca energética e gerando, assim, as ondas vibratórias que circulam entre tudo e todos.

Ondas vibratórias são energias do espaço que recebemos a todo momento, elas são sempre neutras, até entrarem em contato com a energia de cada ser. Quando essa energia entra em choque com a energia já existente na pessoa, ela pode se tornar positiva ou negativa, dependendo de cada um; somam-se à energia existente e se irradia para o espaço novamente.

Portanto, vivemos em constante troca energética e em constante captação fluídica.

As energias são as ondas vibratórias que temos em nossos corpos físicos e espirituais; esses campos energéticos que nos envolvem é o que alimenta a força de nossos pensamentos e vibrações espirituais que atraímos no prana energético de cada ser.

A questão é que dentro do ambiente em que vivemos, no nosso espaço de convivência, seja no trabalho, em casa, onde quer que estejamos, nossas energias entram em atritos e geram os fluidos. **Fluido é o atrito das energias.**

A solidificação fluídica é criada pela intensidade das emoções que emanamos, seja de felicidade, de alegria, de tristeza ou de ódio. Da mesma forma que a energia, nossos fluidos podem ser positivos ou negativos, depende do estado mental em que nos encontramos. E assim atraímos para nosso prana áurico os espíritos e as energias afins que nos rodeiam, entrando em nosso espaço energético e atuando em nossas mentes e em nosso corpo físico.

Os fluidos criam intensidade energética, tornando o ambiente carregado e pesado, deixando-o impregnado e contaminado, sugando a energia de todos que ali estão ou vivem. Chega a tomar forma e força áurica de doença e desgraça, ou de paz e tranquilidade.

ENERGIA = VOCÊ

Você é pura energia, só não se deu conta disso. Você é formado de átomos, nêutrons, elétrons, prótons, moléculas, partículas de vida e ondas vibratórias que atuam em todos os sentidos da vida. Expelimos, expandimos, geramos energias em tudo e em todos os níveis.

Nossa atuação no show da vida é constante e fazemos parte do espetáculo, estamos no palco atuando e participando de cada segundo, de cada minuto. Você não está na plateia, observando e sendo observado, por isso atrai energias e fluidos, sua aura pulsa vida, suas células morrem e nascem numa sincronia que você não se dá conta. Sinta a vida que há em você, obra-prima de Deus.

Frequências energéticas que vivemos

Energia familiar

É a energia que trazemos no dia a dia com quem convivemos e vivemos; devemos a esses seres a nossa existência e a nossa vida; por exemplo: pai, mãe, esposa, esposo, filho, filha, irmãos. É a energia que está relacionada a espíritos que vibram na mesma frequência emotiva, que são afins, predestinados a aprender a mesma lição, que precisam corrigir ou curar alguma coisa que ficou pendente para concluir o ciclo da vida. Aqui neste ciclo o astral regenera sentimentos que transpõem as dimensões, como energia de ódio e vingança ou possessão e posse (dominação).

A energia familiar é a mais difícil de trabalhar, porque essa energia trabalha a aceitação, a maneira e as atitudes que temos perante a vida – em verdade, a aceitação de muitas coisas e situações que não temos poder de interferir ou mudar.

Precisamos aceitar os nossos erros e defeitos, conviver com eles para depois aceitarmos os erros e defeitos dos outros. Essa é a verdadeira transparência e verdade da aceitação, pois muitas vezes esses espíritos familiares e de convivência podem nos parecer estranhos, mas temos de lembrar que estão ligados a nós de alguma forma, por alguma razão.

Será que você não está sendo pior ou igual a esses espíritos indiferentes?

Como está a sua energia familiar? Sua aceitação?

Nossas atitudes às vezes têm que ser o contrário de nossas vontades.

Por exemplo: quando queremos falar mal, xingar, bater, quebrar, devemos ter paciência, abraçar, perdoar, refletir. Aceitar e aprender a mudar. Corrigir o erro que automaticamente passa de pai para filho, de mãe para filhos, e assim, para tudo na vida, sem perceber você está cometendo o mesmo erro novamente.

Observe e faça de forma diferenciada o que está fazendo. Atenção!

É na energia familiar que aprendemos a dar os primeiros passos na vida, as primeiras descobertas e conquistas; devemos aprender a lidar com essa energia, pois como a águia empurra seus filhotes para poder voar, cabe a nós pularmos e nos jogarmos vida afora para sair do ninho e aprender a voar. Somente saindo para a vida é que realmente damos valor ao que temos e com as pessoas que devemos aprender a conviver. Não fuja dos seus sentimentos e da energia familiar, ela traz aprendizado e crescimento, mas também aprenda a lidar com elas e, quando precisar, diga NÃO – você é capaz de fazer isso, pois somente assim irá amadurecer e se libertar dos seus fantasmas.

Lembre-se: afastar-se e sumir, cuidar de sua vida neutralizando totalmente o que o incomoda da energia familiar não irá adiantar nada, pois vivemos em comunidade e você com certeza constituirá uma família, e assim o ciclo se repetirá... e se repetirá.... e se repetirá... Até quando? Será que seus filhos irão repetir o mesmo que você? Então é melhor amadurecer e resolver aquilo que está a seu alcance. Muitas vezes dependemos também do crescimento e entendimento dos demais envolvidos, mas faça sua parte, conclua aquilo que deixará seu espírito e sua consciência em paz e tranquila.

A vida, meu filho, é uma escola na qual muitos espíritos dividem o mesmo espaço físico, porém não dividem o mesmo ano e o grau. Alguns estão iniciando seu aprendizado, outros mudaram de nível, outros estão em níveis tão avançados que não sabemos se conseguiremos chegar, alguns estão se formando, outros formados, não importa o nível em que se encontra, mas sim em que nível e onde quer chegar. Então, quando fizer alguma coisa, faça por você além de fazer pelos outros. Olhar, apontar, acusar, condenar é fácil; difícil é viver e sentir aquilo que o outro sente ou sentir o que você leva na alma e no espírito. Então, aqui se conclui que na vida não existe comparação ou concorrência, somos o que somos e vamos ser o que tivermos de ser. Cada um em seu ciclo da vida, cada um em seu momento. Portanto, não agrida ninguém com suas ideias e seus ideais, saiba ouvir e compreender para poder melhorar e seguir seu aprendizado. Diga NÃO quando precisar, diga SIM quando for necessário e se entregue para o espetáculo da vida.

Energia profissional

Esta energia está ligada às nossas realizações e energias universais, em que recebemos e emitimos energias com a força do pensamento, além da força vital dos seus sonhos. É uma energia material, financeira, que traz conhecimento do sucesso e de conquistas.

Aqui trabalhamos as energias de realizações e determinações, metas e objetivos que colocamos para nós mesmos. Porém a matamos no dia a dia e nas dificuldades da vida. Quando somos jovens, cheios de sonhos, mas também de ilusões, temos garra e vamos em frente sem medo – ora, por que perdemos isso com o passar dos anos?

Aqui podemos falar muito das nossas cobranças e decepções internas, precisamos aprender a moderar e controlar nossos impulsos.

O prana principal do profissional é afetado nas costas, devido às responsabilidades e potenciabilidade que damos às nossas realizações profissionais.

Em nossa vida profissional temos que ter uma energia ativa e constantemente positivada, porque todas as pessoas a nossa volta possuem a sua própria energia, umas diferentes das outras. Você pode sentir energias boas como também pode sentir energias pesadas e negativas, e você tem de aprender que aquela energia não é sua, é de outra pessoa, e não se apegar a ela, não atrair infortúnio para sua vida com cargas negativas de outras pessoas. Transformar sua energia com força mental e com a prática da prosperidade.

Concluindo esta energia: nada cai do céu, por isso precisamos ter os pés no chão e lembrar que realização profissional vem com estudo, determinação e garra. Focar o quer e batalhar para isso. Ao contrário do que todos pensam, essa energia não está ligada à nossa energia financeira. A nossa energia profissional está ligada diretamente à nossa formação existencial, às pessoas que irão passar pelo seu caminho nesse percurso, às coisas que irá aprender e desenvolver. Essa energia está ligada à conclusão de formação do seu espírito.

Energia sexual

A energia sexual nada tem a ver com o ato do sexo, mas com a energia vital do ser e do mundo. A formação de um feto é feita por meio de uma descarga energética de duas pessoas, "Chamado de disparo da vida". A força vital e energética de um óvulo e de um espermatozoide encontrando-se é tão intensa que sua força pode acender uma lâmpada de 200 watts. Isto é a energia da vida, o poder do ser criado pela sua natureza.

O amor é uma doação, não uma castração ou uma posse, em que o outro deixa de viver em sua função. A paixão é um momento de entrega e alegria, momentos passageiros e marcantes em nossa vida. Amor, paixão, desejos, satisfação são complementos do sentido da energia sexual.

A busca da satisfação sexual é particular e pessoal; queremos nos completar no outro e aqui depositamos nosso desgaste energético. Realização é uma entrega sem nada em troca, não existem cobranças ou taxas, simplesmente é.

Nossa energia sexual está ligada à sexualidade e à nossa aceitação como pessoa, nosso cuidado pessoal, nossa estima como ser, nossa postura perante a criação do homem e da mulher, manter aquilo que você busca para a sua felicidade, sustentar aquilo que você é e seguir de cabeça erguida.

Energia espiritual

Esta energia trabalha o equilíbrio da criação, como fé, crença, busca pelo desconhecido, autoconhecimento. O lado espiritual põe você diante de tabus, conceitos e preconceitos, tira sua máscara e o traz de volta ao seu propósito antes de nascer. "Tu és pó e ao pó voltarás." Sua essência aflora e começa a entender a vida, o sentido das coisas.

Tudo ao nosso redor é chamado de energia. O etéreo, o desconhecido nos encanta, nos fascina, nos atrai e nos alimenta a alma. Porém, temos medo de acreditar e nos entregar; a nossa energia espiritual ou fé não deve ter valor comercial ou barganha.

Nesta energia trabalhamos nossas crenças e nosso estilo de vida. Aqui tudo e todos os seus conceitos e contradições são gerados. Temos de querer, porque crescer e melhorar dói, então muitos fogem, dizendo que são ateus ou descrentes ou então pagam para chegar ao reino de Deus, mas a energia espiritual não está ligada à religião ou religiões, essa energia está ligada ao homem como um ser da criação. A energia espiritual está em todos nós porque fazemos parte de um só universo no qual sua geração foi a mesma. Então somos seres espirituais que usam a matéria para seguir o ciclo de aprendizado de cada espírito.

É o espírito que precisa da matéria, e não a matéria que necessita do espírito, porque a matéria sem o espírito não é nada, porém o espírito sem a matéria se transpõe em outros mundos e outras dimensões, concluindo sua existência além da carne.

Esse corpo que hoje você ocupa e que tem livre-arbítrio para sua busca espiritual está fadado a seguir e passar os aprendizados assim determinados pela Lei da Criação, em que tudo atua com a maior sutileza. Todos os acontecimentos de nossas energias, seja familiar, profissional, sexual ou espiritual, estão dentro dessa lei, por isso nada acontece em nossas vidas, nesta existência terrena, sem a atuação sutil dessa lei; ela nos leva a mudar, a crescer, a amadurecer e nos ajuda a concluir aquilo que aqui viemos fazer.

Conclusão desta energia: aprender a olhar tudo à volta com olhos de alunos e assimilar tudo o que puder de melhor; se não puder elogiar ou edificar ou até mesmo concluir uma crítica construtiva, então não diga nada – CALE-SE.

O silêncio é uma prece do espírito e fala muito mais do que várias palavras mal proferidas.

Tipos de energia

Essas energias são criadas pelo tempo, pela natureza, por Deus; elas são universais e atuantes em nossa vida. Essas energias fazem parte da criação do mundo e da existência; somos gerados, nascemos, crescemos, vivemos e morremos dentro desse ciclo energético. Se você vive em um planeta chamado Terra e é reconhecido como ser humano, fazendo parte da criação, você tem e vive todas essas energias.

Então vamos aprender mais um pouco. E o mais importante: colocar em prática a partir de agora o que aprender.

Energia temporal

Esta energia são ciclos e ritmos cronológicos da criação, é aquele momento em que você está vivendo = presente que irá viver = futuro. É toda energia que se tem, gerada dentro do ser humano e expelida para fora.

Essas energias estão a nosso redor constantemente, fazendo fluir tudo à nossa volta. Estão ligadas aos nossos sentidos físicos, como olfato, paladar, tato, visão, audição, tudo o que geramos do nosso íntimo para o externo, no presente.

Essa energia então é PRESENTE = FUTURO e está ligada à energia que vivemos e iremos viver.

Energia atemporal

Esta energia está ligada ao passado. São energias concebidas desde a gestação, não existe o ciclo cronológico. São energias passadas que ficam registradas, tais como os nossos sofrimentos e acontecimentos que marcaram o espírito e são trazidos do passado para o presente.

Essa energia ajuda a gerar doenças mentais e psíquicas, como depressão, síndrome do pânico, câncer e outras – em especial se a pessoa vive em demasia o passado, o antigo, sofre por algo que não teve ou perdeu, se tem falta de aceitação e dificuldade de perdoar. Sua intensificação gera imensa insatisfação pessoal.

Essa energia é criada e gerada por nós mesmos. Muitas vezes estamos no presente no ano corrente, mas estamos vivendo a energia de dez anos atrás. Estamos na separação, na perda do emprego, amarrados na data e hora que sofremos o sinistro de nossa vida. Não conseguimos reagir, sentimos fraqueza perante tudo e todos.

Agora pare e pense: EM QUE ANO VOCÊ ESTÁ VIVENDO?

Qual é a resposta? Será que não está na hora de lavar a alma, libertar a alma e seguir, permitindo-se prosseguir e recomeçar? Liberte-se de você!

Mas continuemos...

Existem outros tipos de energias também ligadas a nós que vivemos e praticamos dia a dia e não nos damos conta, apenas levamos a vida.

Energias que geramos

Energia conservadora

Esta é a energia da educação, que vem dos pais para os filhos e carregamos na nossa personalidade. Ela atua em nossa índole. Pode ser positiva ou não.

Conservar é igual a manter no mesmo lugar ou estado, impedir que acabe ou se deteriore, energia duradoura.

Então, dependendo da energia que você tem da sua criação, ela pode ser positiva ou negativa, e pode estar bloqueando você em algumas áreas de sua vida.

Nesta energia devemos manter o que nossos pais nos passaram de íntegro e correto, mas devemos reciclar certos conceitos e conquistas. Abrir seu mental para o futuro sem perder a essência pura do bem.

O negativo desta energia é o medo de crescer e amadurecer ou mudar, o medo de ousar: "Sou assim porque minha mãe era assim, minha avó era assim então não mudo, não quero, não posso e não devo seguir e conquistar novos horizontes."

Chega um momento em nossas vidas que nós mesmos nos educamos e fazemos nossas escolhas; isto gera a lei de ação e reação que veremos mais à frente.

Energia concretizadora

É uma energia de conquistas, de vontade e empenho, que o empurra para a frente; está ligada aos nossos sonhos e vontades de realização.

Concretizar é igual a realizar. Força de vontade é igual a desejo.

É uma energia positiva. Então coloque foco e determinação em tudo que for realizar e traga para sua vida a energia concretizadora.

O negativo desta energia é a ansiedade e o medo, está muito ligada à energia conservadora, principalmente no que diz respeito à energia profissional e sexual.

Esse negativo é expresso pelo medo de tentar e fracassar, pelo medo de ousar e de se expor, pelo medo de explorar todo o seu verdadeiro potencial. Nesta energia devemos manter sempre os pés no chão e saber ouvir e aprender com aqueles que desbravaram seus caminhos e cresceram, tornando-se melhores energeticamente do que já eram.

Energia emotiva

Esta energia está ligada ao nosso estado emocional e psicológico, é aquela que vem do fundo da alma, trazendo à tona todas as emoções e os sentimentos em um só instante. Damos vazão a tudo, ficamos cegos e enlouquecidos, gerando uma energia de possessão, de rancor, de ciúmes, estáveis ou não, energia de não aceitação, revolta. Nesta energia realizamos atos insanos, que podem mudar nossa vida drasticamente.

Ela gera o desequilíbrio áurico e espiritual e traz doenças mentais, atrai obssessores. É muito relacionada no dia a dia com convivência em sociedade, como a perda de um ente querido ou a perda de emprego, ou mesmo o término de relacionamentos. Vivenciamos esta energia diariamente, pois somos seres emotivos e precisamos saber controlar de forma equilibrada essa força.

O negativo dela é a sua intensidade, porque envolve todos os nossos sentimentos, como alegria, tristeza, amor e ódio.

Energia nervosa

A energia nervosa está muito ligada à energia emotiva, ela vem do nosso sistema nervoso central e linfático. É uma energia física, pois somos nós que a geramos e a alimentamos.

Ela, em seu negativo, nos cega e nos leva a fazer coisas ou ter atitudes impensadas e insanas que desestruturam toda uma vida. Pode causar infartos e AVC, doenças do sistema nervoso central, tromboses, entre outras.

Energia intensa

É toda aquela que se manifesta em alto grau energético. É como se a pessoa vivesse tudo em um só instante, com intensidade, aos extremos, em todos os aspectos, dos sorrisos às lágrimas. O problema em vivenciar em demasia essa energia é que se despende muito tanto do físico quanto do espiritual.

Esta energia está ligada também à energia nervosa e à emotiva, é muito desgastante e muito perigosa, podendo levar ao óbito súbito. Atrai muito descontrole de tudo e de todos devido à sua complexidade; além do que, na maioria das vezes, gera mudanças drásticas na vida daqueles que sofrem por ela. É uma energia perigosa e demorada para se restabilizar no prana áurico do ser.

Energia energética

São energias que têm poder de consumir, sugar, desgastar grande desprendimento de forças físicas e espirituais. São energias condensadoras que são muito ligadas à energia atemporal. Esta é a energia que, em determinado momento, gastamos tudo que sentimos e temos em um ato único. Quando passamos por esta energia, momentos depois nos sentimos cansados, sem forças, fracos, necessitados de sono e descanso, ficamos com a sensação de que tomamos uma surra enorme.

Não há negativo nesta energia, pois ela em si só já é intensa de negativos e desequilíbrios. É uma energia física, porque nós a geramos e criamos; também ligada ao sistema nervoso central e linfático.

Energia equilibradora

Na maioria das vezes, buscamos esta energia de fora para nos acalmar e reequilibrar, com meditação, yoga, passes, músicas, viagens, passeios.

Buscamos na natureza e no universo, é algo que vem de fora para dentro e atua na nossa aura como um todo. Ela tem o poder curativo de nos reequilibrar, de abrir nossa mente a novos horizontes e descobertas.

Nosso espírito e subconsciente buscam esta energia vital para que nosso corpo físico e astral não entre em colapso nervoso ou choque energético. Somos perfeitos na criação e, mesmo que não tenhamos o dom de saber o que precisamos, nosso corpo energético arruma meios de nos trazer o que necessitamos para viver em profunda harmonia com a criação.

Energia de transmutação

É a energia de troca e de mudança, está ligada à realidade e à intensidade de modificar-se. Você tira todas as máscaras e resolve mudar. Mas ela depende 100% de você para se realizar, mudando de ações ou de atitudes. É uma energia ativa e age diretamente com a mente, está no momento presente, no agora.

A energia passiva se faz neutra, você a transforma em positiva ou negativa, ela ainda está por vir, ou seja, não a vivemos ainda.

Em que energia você se encontra?

Agora que você começou a se conhecer um pouquinho, vamos fazer este teste. Vamos juntos nos aprofundar nesse universo maravilhoso chamado "Ser".

"Quando queremos fazer algo – temos ideias".
"Quando não queremos fazer nada – temos desculpas".

Flecha Ligeira

Quem é você neste universo em que vive?

Linha do tempo

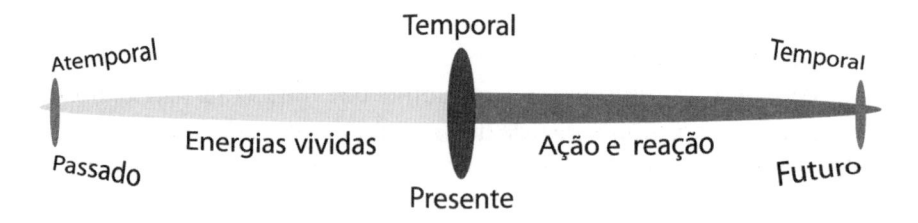

Atemporal	Temporal	Temporal
Passado	Presente	Futuro
Energias vividas		Ação e reação

Onde você está localizado nesta linha do tempo?

A energia é sempre neutra, cada um de nós determina se ela será positiva ou negativa. Quando uma pessoa vive mais no passado, sua energia para de circular e fica vivendo nas energias atemporais estagnadas desse passado e deixa de fluir suas energias futuras. Nesse momento ela pode começar a causar doenças em sua vida.

A cada momento de sua vida você deve decidir qual enfoque dará nas situações de seu dia a dia e qual energia você estará fluindo e direcionando, se positiva ou negativa. Todas as energias atemporais do seu passado podem ser negativas ou positivas, depende do enfoque que você dará em sua vida.

Quando o enfoque é negativo, ele trava suas energias profissionais, familiares, sexuais e espirituais futuramente, podendo até causar doenças. A mesma energia que você gasta sendo apático, triste e infeliz você gasta sendo alegre, divertido e positivo – sem contar que sendo positivo você ainda envelhece mais devagar e pode ser mais feliz.

As energias conservadoras que trazemos são passadas por nossos familiares e as carregamos durante o passar do tempo; essas energias também podem estagnar nossas vidas.

Precisamos aprender a transformar, a transmutar a energia de nosso dia a dia. Porém, também devemos estar propícios a aceitar a transmutação, a transformação, a mudança em nossa vida. Uma boa técnica para transmutar as energias de nossa vida é praticar a meditação.

As energias transmutadoras trabalham conjuntamente com as energias energéticas, que são energias que têm poder de consumir, sugar e desgastar. São energias que geram grande desprendimento de forças físicas e espirituais.

As energias energéticas também são muito utilizadas durante os trabalhos espirituais e, devido ao grande desgaste que geram, o médium deve ter muito cuidado em seu preparo antes do início dos trabalhos espirituais.

Em todos os minutos, lembre-se de que tudo vem para somar em nossa vida. O grande diferencial é como conduzimos essas energias.

Em qual energia você se encontra?

Familiar? Profissional? Sexual? Espiritual?

Como está a divisão dessas energias em sua vida?

Como está a intensidade energética de cada pedaço e em qual energia ela se encontra?

Vamos, faça a divisão e seu gráfico!
Somente assim você consiguirá atingir
seu autoconhecimento!

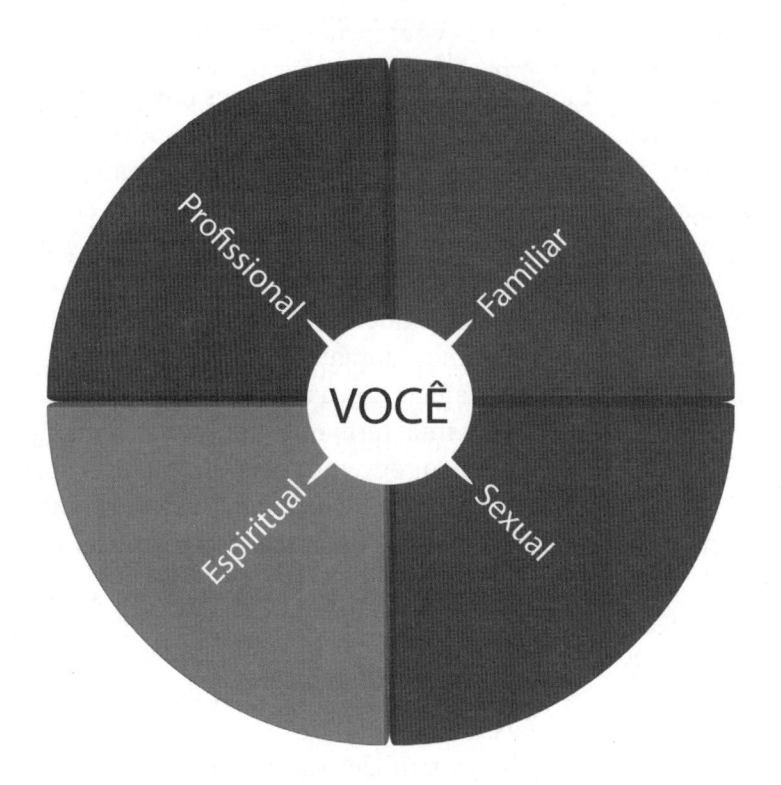

Profissional — *Familiar* — *Espiritual* — *Sexual* — **VOCÊ**

E NÃO SE ESQUEÇA:
NÓS SOMOS UM TODO!

"As mesmas atitudes e sentimentos sempre colherão os mesmos resultados. Atitudes diferentes – Resultados diferentes. Sentimentos renovados – Energias diferenciadas. Portanto, mude seus conceitos para colher resultados diferentes. Renove-se."

Marabô das Almas

O sentido do conhecimento do que é energia e de como ela influencia nossas vidas é exatamente este: fazer você diferenciar as energias que circulam de você, para você, em você e ter forças para mudar o que o prejudica, aproveitando melhor o que o beneficia.

Quantas pessoas, hoje em dia, depois de seu "amadurecimento carnal" procuram psicólogos e terapeutas, pois os mimos e energias estagnadas que os acompanham desde que foram gerados estão impregnados e não conseguem mudar; não devemos nos esquecer de que tudo o que passamos é energia.

O principal sentido do estudo energético é nos levar ao autoconhecimento de como somos realmente. Começar a entender o que a espiritualidade nos passa e começarmos a nos entender e entender nossa própria energia.

Que energia geramos?

Devemos tratar nossa energia como tratamos nossos sentidos, ou seja, precisamos identificar como cada energia nos beneficia por meio de nossos sentidos – tato, olfato, paladar, visão e audição. As entidades utilizam esses sentidos para nos beneficiar por meio das energias.

É preciso entender que quando concentramos as energias geramos ansiedade e, por sua vez, com a ansiedade geramos vários problemas e isso nos leva, entre outras coisas, a tomar medicamentos que, ao invés de nos ajudar, só nos prejudica.

Então, quando tratamos da ansiedade, temos que tratá-la ao contrário. Ao invés de tratarmos a ansiedade com mais ansiedade, temos que tratar a ansiedade com serenidade.

Todos nós geramos essa energia ansiosa e é justamente aí que devemos nos (auto) ajudar. Como? Simplesmente mudando nossas energias.

Compare-se a uma pessoa nervosa e observe: as pessoas nervosas e ansiosas são as que mais sofrem com problemas de saúde, ou seja, temos que nos observar e ver, a cada dia que passamos, quais são as energias que nos circulam.

Isso não quer dizer que você tenha que ser um santo, mas sim que deve observar qual energia está gerando dentro de você. Acabamos, normalmente, focando mais na energia nervosa, pois ela é a que vivemos o tempo todo, com coisas fúteis e até mesmo coisas pequenas que não fazem diferença nenhuma em nossa vida.

Convivemos em um mundo onde as pessoas vivem nas intensidades: tudo magoa, tudo irrita e tudo chateia; com isso você começa a gerar problemas de saúde. Precisamos ter cuidado também com os sentimentos de ódio e vingança, pois às vezes geramos esse ódio para com outras pessoas e nós mesmos nos prejudicamos sem saber que, em verdade, as outras pessoas nem se importam com os nossos sentimentos.

É preciso estar atento e lembrar que o que temos é falta de equilíbrio. Não devemos ser santos, mas sim fazer a coisa certa. Quando vemos que algo está errado, a questão é aprender com as atitudes. Quando você muda suas atitudes, você muda seus resultados.

Muitas vezes chegamos a um ponto tão desequilibrado que as nossas entidades não conseguem mais nos auxiliar. É justamente nesse ponto que devemos nos observar e acreditar, pois quanto mais positivo ficarmos, mais intensidade enérgica adquirimos e esta energia age em nossa vida.

O segredo é conseguir manter e sustentar a nossa energia, pois ao pedirmos algo para uma entidade temos que nos manter firmes naquilo que focamos. São nos nossos pontos fracos que os espíritos negativos podem atacar, nos quais os espíritos negativos começam a estudar onde estamos errando e a gerar influências, não afetando somente a nós, mas também a amigos e familiares.

É por isso que a todo tempo as entidades nos pedem para ter mais "firmeza de cabeça", para que não passemos por ataques obsessivos. Quando erramos e sabemos que estamos errados e uma entidade de luz nos aponta onde está o erro e nos magoamos, abrimos o campo para a atuação dos espíritos negativos.

Temos que nos concentrar e centrar nossa cabeça no equilíbrio, sempre com o bom senso; se não agirmos dessa forma, a entidade não nos reconhece espiritualmente, nosso corpo estará diferente da pureza da entidade, entramos em atrito com o espírito gerando uma guerra espiritual entre o nosso corpo e o da entidade. Com essa guerra geramos fantasias mediúnicas, utilizamos coisas sem fundamento e entramos em nosso ego, o que é o maior problema da mediunidade.

Devemos nos colocar abaixo das nossas entidades, fazendo tudo o que elas nos pedem, e não passar na frente delas, que infelizmente é o que ocorre hoje dentro da religião. Passar na frente é se colocar como mais importante, achar que sabe mais, mas na verdade é pura falta de seriedade.

Isso é reflexo da atuação do ego tomando conta do médium, muitos acham que são mais que as entidades e passam na frente do guia espiritual, esquecendo-se que a Umbanda é uma religião e não uma brincadeira. Aceitando nossos guias espirituais e fazendo tudo o que eles nos pedem, em retribuição tudo o que recebemos é abençoado, ou seja, tudo o que abençoamos recebemos abençoado.

Conforme você trata suas atitudes e seus sentimentos, você recebe conforme pensou e conforme atraiu, lembrando que com isso você atrai energias e recebe energias; enfim, tudo que pensamos, agimos e sentimos é energia.

Capítulo III

Como Criamos Nossos Estados de Comportamento?

"Só existe um sucesso: ser capaz de viver à sua própria maneira, sem depender de nada e ninguém".

Christopher Morley

Você é tudo o que sente, o que fala, o que pensa, o que materializa e sonha.

Cada um de nós vive na intensidade de nossos próprios sentimentos, portanto, nosso estado mental afeta o nosso comportamento e também afeta o nosso estado mediúnico.

O nosso comportamento está ligado a nossas energias e a nossos sentimentos. Por isso, perceba que é você quem conduz as energias e os acontecimentos de sua vida.

O seu estado mental precisa estar e ficar afinado. Lembre-se de que seu estado mental é você mesmo quem cria, não tem nada a ver com entidades; e se você dá vazão a um estado mental e comportamental negativo, dará vazão a mais energias negativas que somente piorarão o seu estado mental. Por outro lado, as entidades utilizarão de meios para despertá-lo desse estado mental.

Portanto, procure sempre uma condição positiva para sua vida e use seu mental para isso. Você, como médium, precisa saber como está seu estado mental, para que não se deixe levar pelas correntes de pensamentos negativos.

A entidade trabalha no passe em seus comportamentos no dia a dia, para sempre mudar as posturas erradas de pessoas negativas.

Representações Internas

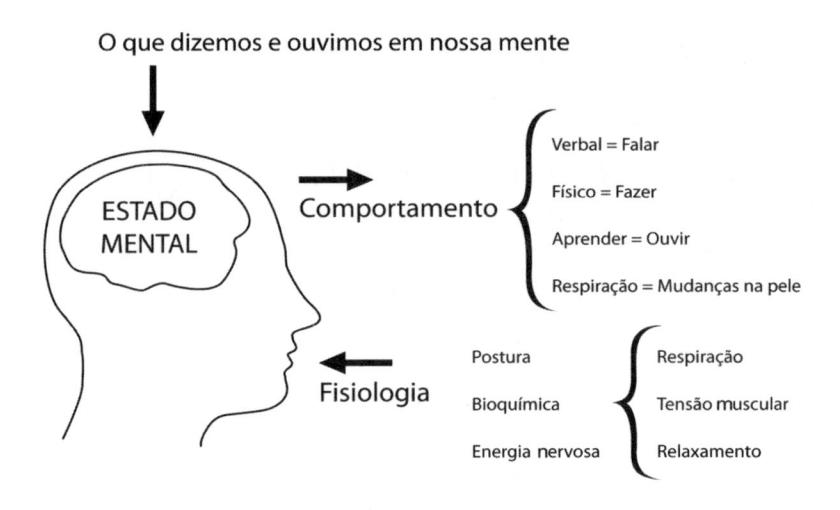

O que dizemos e ouvimos em nossa mente

ESTADO MENTAL

Comportamento:
- Verbal = Falar
- Físico = Fazer
- Aprender = Ouvir
- Respiração = Mudanças na pele

Fisiologia:
- Postura
- Bioquímica
- Energia nervosa
- Respiração
- Tensão muscular
- Relaxamento

Comportamentos:

Verbal

A ativação das cordas vocais aciona campos de energia, e quando dizemos "eu posso", a verdade energeticamente contida nessa afirmação se propaga pelo espaço até um determinado campo e retorna. Por isso se policie e fale coisas boas, pois o retorno será melhor. Abençoe tudo o que possui e sinta-se abençoado sempre.

A descarga vital de energia transmutadora e a energia da inteligência ativam nosso sistema circular cerebral; quando nós falamos estamos ativando mais de 50 músculos, e quando sorrimos ou gargalhamos estamos provocando uma descarga energética que aumenta em 200 vezes as descargas energéticas e a oxigenação cerebral.

O ato de cantar é outra ação que também alimenta a alma e o espírito – cante sempre que possível, com intensidade e entrega.

Físico

Fazer = Liberação energética; o que nós fazemos diariamente, nossa postura, nossa forma de nos apresentarmos, nossas atitudes perante o que passamos no dia a dia, isto é energia circulante ativa em nossas vidas.

Aprendizado

Ouvir = As pessoas aprendem lendo e ouvindo. Por isso devemos adquirir o hábito de ler bons livros e ouvir boa música, assistir a programas de TV que nos tragam boas informações cerebrais; assim alimentamos nossos neurônios e nossos pensamentos. Estamos em um mundo em que as informações não param, porém, cuidado ao absorver tudo o que lê, ouve e – principalmente – tudo o que fala.

Respiração

A primeira coisa que o ser humano aprende ao nascer é como respirar e, depois, passamos a vida inteira sem dar conta disso. Na verdade nem a percebemos, mas fique sem respirar por alguns segundos e você terá a nítida impressão de que irá morrer. A respiração é muito importante para nossa energia corporal, ela é responsável por nossa ativação energética e por todas as descargas energéticas que sofremos de qualquer energia que estivermos vibrando naquele momento.

Por isso o comportamento da respiração é muito importante. Devemos saber inspirar e expirar, de forma profunda, puxando bem o ar para encher os pulmões e expirar bem devagar, soltando o ar, de uma forma ritmada, em movimentos repetitivos, suaves, mas ao mesmo tempo fortes e consistentes, ou seja, com segurança. Isso oxigena o cérebro e faz com que nosso prana energético se restaure.

Todos esses comportamentos estão ligados ao estado mental, que estão ligados às energias que estudamos, por isso temos que aprender o estado mental do equilíbrio, saber quem somos e onde estamos focando.

Fisiologia

O corpo fala com a gente. Preste atenção na energia que você está fluindo no seu corpo. O corpo lhe responde, na sua pele, no seu cabelo, no modo de urinar e evacuar, no modo de se alimentar. Cada pessoa e corpo reage de uma forma diante da energia de cada momento vivido. Nossa pele se resseca, nosso cabelo cai em excesso, nossas unhas quebram, pegamos gripe demais, nossa imunidade cai; isso é nosso corpo gritando conosco, dizendo que algo está errado, que nossa energia está bloqueada, fora de sintonia com o universo.

Por isso a importância de adquirirmos o autoconhecimento, para poder obter a autocura, pois ela começa no espírito, transporta-se para a alma e se materializa no corpo físico.

Postura

Manter sempre sua postura corporal em bom estado e ereta com firmeza, assim sua energia circulante permanece ativa. Para ajudar na ativação, pratique caminhadas e alongamentos regularmente.

Bioquímica

Você é tudo que pensa, fala e come, por isso tudo o que ingerimos torna-se energia de combustão, entra em nosso corpo e se transmuta em energia mantenedora de outras energias que se utilizam dessa para se refazer.

Respiração

A maior fisiologia é a respiração, ela ativa todo nosso sistema cronológico de sustentação energética, ela comanda nossa tensão, nossa musculatura e nosso relaxamento. Essa energia começa sua descarga na cabeça e depois dispersa para o corpo inteiro. Pensando em qualidade de vida e nos conceitos que vivenciamos, vamos fazer uma lista de soluções para melhor resolver nossos problemas, dividindo-os assim:

Lista de Soluções

1. Dívidas = Contas
2. Saúde = Qualidade de hábitos
3. Família = Tolerância e convivência
4. Profissional = Valorização + Aperfeiçoamento + Confiança
5. Relacionamento = Respeito, conceitos
6. Falta de Fé = Crença

Imagine esses pontos como se fossem focos de pequenos incêndios e você é quem deve apagá-los. O que você faria? Atacaria todos os focos ao mesmo tempo? Ou apagaria um foco por vez?

O melhor a fazer é apagar um por vez, ou seja, sair da linha de conforto e começar a alinhar e organizar sua vida, de pouco em pouco, de grão em grão.

Pense em como organizar suas dívidas. Como são essas suas dívidas, empreendedoras ou descontroladas? Ideias nessas horas são grandes amigas.

Falando com amigos podemos gerar ideias que, se bem implantadas, podem se transformar em soluções, ou seja, podemos criar, vender e vencer os problemas de pouco em pouco. Com isso saímos da linha do conforto, colocando sempre em primeiro lugar nossos deveres. Mas sempre lembrando que dívidas não são empreendimentos, empreendimento é a escola, a comida, o apartamento, que são coisas de que você necessita – dívida não é necessidade, é egoísmo que gastamos erroneamente com coisas fúteis.

O próximo ponto: a saúde. O bom hábito em comer e beber. Não é necessário três bifes, se dois já foram de bom grado, o suficiente para saciar a fome: lembre-se, você é tudo o que você come.

Os conflitos de família são tratados com accitação e tolerância; lembre-se: sua família é seu espelho.

No profissional, é ótimo que tenhamos concorrentes e desafios, pois saímos da zona de conforto para evoluir e crescer.

Na questão dos relacionamentos, é necessário esquecer o que é passado e ter a consciência do hoje. Respeito é a palavra-chave.

A fé é pura essência em nós; quando estamos no mar das dúvidas e da correria, estamos perdendo a fé em nós mesmos, ou seja, melhorar e ter mais fé em si mesmo.

Lição de casa:

1. Que energia eu estou gerando?
2. Eu sou um bombeiro?
3. Faça a sua Lista de Soluções.

Capítulo IV

Fluidos

*"Nossos corpos são nossos jardins. Nossas
vontades são jardineiros."*

William Shakespeare

Energia + Fluidos = Físico
Fluidos + Condensação Energética +
Atitude = Resultados da Vida.
Sentimentos + Pensamentos +
Atitudes = Você

O que são fluidos?

Fluidos são todas as sensações que envolvem o nosso campo magnético e nossos sentidos. Nosso tato, olfato, paladar são utilizados para sentir e pressentir os fluidos que nos rodeiam. As sensações são variadas, pois podemos sentir frio, calor, arrepios, tonturas, bocejos, sonolência. Como somos energias em sua forma pura e as liberamos a todo o momento, os atritos entre essas energias geram os fluidos.

Fluidos também são aquelas energias que ficam condensadas no ambiente em que nós vivemos, pois emanamos e liberamos essas energias por meio dos pensamentos e emoções que vivemos no dia a dia.

A condensação dessas emoções se alinham e se desalinham, pois vivem em constante estado de reorganização, geram fluidos condensados que geram miasmas e sugam as nossas energias. É por isso que sentimos um ambiente carregado, pesado e nos causa mal--estar ficar ali.

Precisamos conhecer bem nossas sensações e policiar nossas emoções e, mais importante ainda, conhecer a nossa mediunidade para definir e saber filtrar os fluidos. Portanto, temos de considerar sempre a nossa energia centrífuga – força que nos rodeia em nossa atmosfera fluídica, e pode ser positiva ou negativa.

Os fluidos são os responsáveis pelas trocas de energias entre o corpo (plano material) e as entidades (plano espiritual) e são emanados por todos. Com nossas energias controladas manteremos nossos plexos nervosos em atuação perfeita, como uma sinfonia, para o bom andamento de nossa vida material e espiritual, trazendo bem-estar e recomposição energética, distribuída por todo nosso corpo por intermédio da corrente sanguínea.

Quando esse tipo de energia atua no médium durante a sua incorporação, ele é chamado de ectoplasma.

ENERGIA + FLUIDOS = CONCENTRAÇÃO CENTRÍFUGA

Devemos saber e reconhecer as energias que nos rodeiam o tempo todo. Nossos corpos e nossas moléculas, nossa corrente sanguínea e nossos batimentos cardíacos são pura energia, e essa energia circular é constante, faz com que nosso corpo se movimente e tenha forças para ficar e nos manter em pé.

Nós não vemos e não pegamos essa energia, mas a sentimos. Assim é também com a força de nossos pensamentos. O nosso cérebro, a nossa camada cinzenta, a nossa massa craniana gera 100 vezes mais energias do que o resto do nosso corpo.

Devemos saber que não pegamos nossos pensamentos, mas sentimos os seus resultados no restante do corpo.

O poder do pensamento é capaz de gerar milhões de fluidos diferentes e magnéticos, captando e sugando energias de outras pessoas. Por isso devemos cuidar de nossos pensamentos.

Vale lembrar: Energia + Fluidos = Concentração centrífuga.

Se seu corpo gera energias constantes, você tem em volta dele luzes que o circulam. Essas são conhecidas como aura.

Conforme sua força de pensamento, essa energia pode ser positiva ou negativa.

Entenda que essa energia não para conforme seu capricho. A energia centrífuga só para quando nós morremos, quando nosso corpo físico não tem mais pulsação. Preste atenção porque estamos falando de energia física viva, e não espiritual.

Essa energia gerada pelo pensamento pode captar ou sugar outras energias negativas que estejam em ambientes ou pessoas, que formam fluidos já existentes naqueles locais, por causa das energias estagnadas negativas.

Esses fluidos, por sua vez, se juntam com os seus trazendo efeitos colaterais, como mal-estar, sono, bocejo e tristeza. Muitas vezes achamos que são efeitos de espíritos negativos ali existentes e dizemos que o local estava carregado. Sim, pode ser; mas na maioria das vezes são energias e fluidos negativos gerados pela própria pessoa com a força de pensamentos ruins e deficientes.

Aí entra a sua concentração, o poder de controlar seus pensamentos e reverter essa situação para o positivo. A força da concentração gera um escudo em torno da sua aura, neutralizando e emanando luz ao local necessário. Assim os efeitos colaterais são outros, pois a energia não lhe suga, mas sim o recompõe como uma troca restauradora.

Tudo e todos geram energias, plantas geram energias, água, Sol, Lua, animais de todas as espécies. Tudo no universo é pura energia. Saída e entrada de energias diferentes.

Devemos avaliar não só os nossos pensamentos, mas o que sai de nossas bocas, o que falamos.

> *"Preocupar-se com o que sai da boca,*
> *não com o que entra nela".*

Flecha Ligeira

Guarde esta frase. Os nossos pensamentos são diálogos particulares com suas essências, com seu espírito e com você mesmo.

Policie-se no seu sistema nervoso porque ele é grande causador de energias negativas dentro do seu corpo. É ele que causa os efeitos de doença e destruição.

Não conseguimos pensar com discernimento quando estamos nervosos, e nossas ações são desastrosas porque usamos a fala como válvula de escape. É nesse momento que abrimos as portas para qualquer energia e fluido.

Precisamos entender bem as energias físicas para depois trabalharmos a energia espiritual, para que não haja confusões ou ilusões. Porque nada é ilusão ou conto da carochinha, tudo é fruto de efeitos energéticos existentes no prana terrestre que poucos conhecem. O desconhecido assusta como o deserto, mas a ignorância e a futilidade matam e o transformam em um vegetal.

Precisamos nos concentrar e evoluir de faixas energéticas e fluídicas. Deixar a insegurança e a tolice o dominar é errado. Isto é falta de conhecimento, de essência. Ponha em prática, faça sua aura vibrar constantemente com bons pensamentos, busque o equilíbrio, a solução, a calma. Quando emanamos boas vibrações nossa aura canta, emana sons que atraem bons fluidos. Por isso cante, sonhe, eleve suas vibrações, mentalize suas forças, sinta vida em seu corpo.

Você é um ser único, portanto, não perca tempo, viva no bem, viva na lei do amor e do perdão, EVOLUA!

Edifique-se e edifique os que estão ao seu redor.

Pare de procurar milagres. Comece a fazer por você, olhe para dentro de si, observe os seus erros e corrija-os, não tenha medo. Agradeça tudo o que você recebe do universo, porque quando você recebe é porque você fez por merecer.

Entenda o que acontece com você e AGRADEÇA!

O ato de agradecer é a melhor atitude que podemos ter para nós mesmos e para nossa mediunidade. Esse momento em que agradecemos a Deus o que conquistamos em plenitude com o universo é o que chamamos de Estado de Graça.

Quando você agradece o que conquistou, seu estado energético é o mais positivo possível porque nesse momento estamos conectados diretamente com o Criador.

A revolta é um estado natural de nossa humanidade, porém somos seres limitados, que não vemos adiante. Às vezes uma situação vivida no presente pode não ser agradável naquele momento, mas futuramente essa situação pode ser a melhor para nossa vida.

Quando clamamos por justiça, devemos lembrar que é pela Justiça de Deus que estamos clamando, não a justiça de seus favores e interesses. Devemos estar preparados para clamar pela Justiça de Deus. Será que você consegue "segurar a peteca" quando essa justiça vier até você?

Somos nós que devemos buscar a evolução neste plano material. O Espírito leva consigo todos os sentimentos, dos mais fáceis aos mais difíceis, somos nós que geramos nossos próprios carmas. Deus somente quer que sejamos nossa própria essência.

Durante os trabalhos espirituais, nós, como médiuns, devemos ter absoluto controle de nossas emoções e estar em plenitude com nossa tolerância, para podermos ter controle sobre nossas emoções e ter neutralidade para não deixamos nos contaminar com os fluidos das outras pessoas.

Usar a mediunidade a nosso favor é isso, é se doar e saber agradecer pelas graças recebidas. Deus quer que vivenciemos todas as coisas, e às vezes nem ligamos para elas. Tudo que Deus quer é o nosso puro e lindo amor.

"Tem coisas que Deus dá para a gente aprender.
E tem coisas que Deus só dá quando a gente aprende!"

Pai José de Aruanda

ENERGIA FÍSICA + EMOÇÕES = FLUIDOS

Até agora falamos de energias físicas que circulam em nosso corpo e dos sentimentos que nutrimos durante nossa vida. Quando uma entidade trabalha espiritualmente conosco, ou seja, incorpora em nós, ela usa a nossa energia física e nossos sentimentos durante os trabalhos espirituais.

Quantas vezes nós geramos sentimentos e emoções em nossa vida que dificultam nossa caminhada e nos fazem ficar emperrados em situações que criamos e decisões que temos de tomar. Por isso devemos saber qual energia está fluindo ao nosso redor, porque assim fica mais fácil de nos defendermos e de obtermos ajuda do plano espiritual de luz.

O plano de atuação negativo, ou seja, as Trevas, está em nosso entorno e é mais atuante em nós devido à nossa própria essência humana envolvida em nosso ego, nossa vaidade, nossa própria ganância material.

Qual é o sentido de aprendermos qual energia física está atuando em nós mesmos?

Devemos aprender qual energia flui ao nosso redor para facilitar o canal de comunicação com o plano espiritual, e assim saber como nos ajudar e liberar a atuação do plano espiritual.

Sabendo lidar com nossas energias físicas saberemos lidar com as energias espirituais que recebemos. E, quando recebermos uma energia externa, saberemos identificar se essa energia é positiva ou negativa, e assim poderemos nos defender.

Você é tudo aquilo o que come, o que bebe e o que pensa, e tudo aquilo que fizermos em nosso corpo físico reflete em nossa energia e afeta nossa conexão com o plano espiritual. Devemos aprender a lidar com todas as nossas energias, inclusive a sua energia financeira.

O plano espiritual se conecta conosco por meio de nosso mental, e exercitando esse canal mental facilitamos a comunicação com o plano espiritual.

Nossas energias físicas somos nós que temos de resolver, nossas emoções somos nós que temos de lidar, as situações que geramos, principalmente as familiares, somos nós que resolveremos. O plano espiritual vem para acrescentar em nossa vida, vem nos aconselhar e nos tirar do erro que estamos cometendo.

EXERCÍCIO RECOMENDADO

Treinar meditação. Durante 15 minutos, esvazie a mente e sinta seus batimentos cardíacos e sua respiração. Observe qual energia você está fluindo.

Use esta oração para ajudar no exercício de meditação:

Mesmo quando tudo pede um pouco mais de calma.
Até quando o corpo pede um pouco mais de alma,
"a vida não para"...
Seja feita a vossa vontade senhor,
Porque tu conheces a fraqueza do coração dos teus filhos
e só entregas a cada um
O fardo que ele pode carregar.
Que tu entendas o meu amor,
Porque ele é a única coisa
Que tenho de realmente meu.
A única coisa que poderei
Carregar para a outra vida.
Faz com que ele se conserve corajoso e puro,
Capaz de continuar vivo apesar dos abismos
E das armadilhas do mundo.
Amém.

Cacique do Sol

Mais adiante segue uma figura vista pelo plano espiritual. Todos os seres viventes neste planeta chamado Terra são assim. Aqui está nossa aura fluídica, nosso corpo de luz. Dessa forma somos vistos pela criação, corpos irradiantes de luz. Todas as nossas energias encontram-se nesta figura, porém é importante ressaltar duas energias específicas:

Energia Centrífuga L-M = Energia da vida, ela é a responsável pela nossa energia vital. Sua ativação é constante e atuante enquanto nosso corpo material tiver todos os sentidos vitais. Centrífuga tem a ver com a energia que nos rodeia, nossa energia corporal. A energia que está em seu corpo.

Energia Centrípeta J-K= Energia inversa da energia da vida, nosso corpo está em constante atuação celular. Nossas células nascem, crescem, amadurecem e morrem em uma intensidade enorme. Não nos damos conta, mas nosso corpo físico morre um pouquinho e se transmuta, por isso envelhecemos. Esta é a energia centrípeta, ela continua ativa mesmo quando nosso corpo físico não possui mais sentidos vitais, porém entramos num estágio energético diferente da criação. Nosso corpo entra em decomposição, por isso essa energia continua atuante. Essas duas energias circulam constantemente em nosso corpo; enquanto vivemos e atuamos no show da vida elas circulam juntas incessantemente. Energia Centrípeta é a energia que vem de fora, do Universo, vem de fora do seu corpo.

Discriminação da figura:
- *A – B* = Linha vertical, mediana do equilíbrio;
- *C – D* = Linha horizontal, mediana do homem;
- *E* = Centro mediano, ponto de equilíbrio da horizontal;
- *F – G* = Raios de força – paralelos verticais;
- *H – I* = Raios de força – paralelos horizontais;
- *J – K* = Corrente centrípeta – corre por fora;
- *L – M* = Corrente centrífuga – corre por dentro;
- *N – O* = Nuance interespacial das duas correntes;
- *P – Q* = Reflexo das vibrações do espírito;
- *R – S* = Perispírito, ou duplo do homem;
- *T – U* = Aura material (fluido branco-azulado);
- *V – X* = Aura intelectual ou de amor (azul-claro);
- *1* = Aura espiritual (toma a cor dos pensamentos);
- *2* = Atmosfera fluídica do homem;
- *3* = Luz amarelo-alaranjado do espírito quando em vibrações provindas de altas esferas espirituais.

FLUIDOS

Mediunidade x Consciência + Fluido = Sentido
ATMOSFERA FLUÍDICA EM QUE VIVE O HOMEM

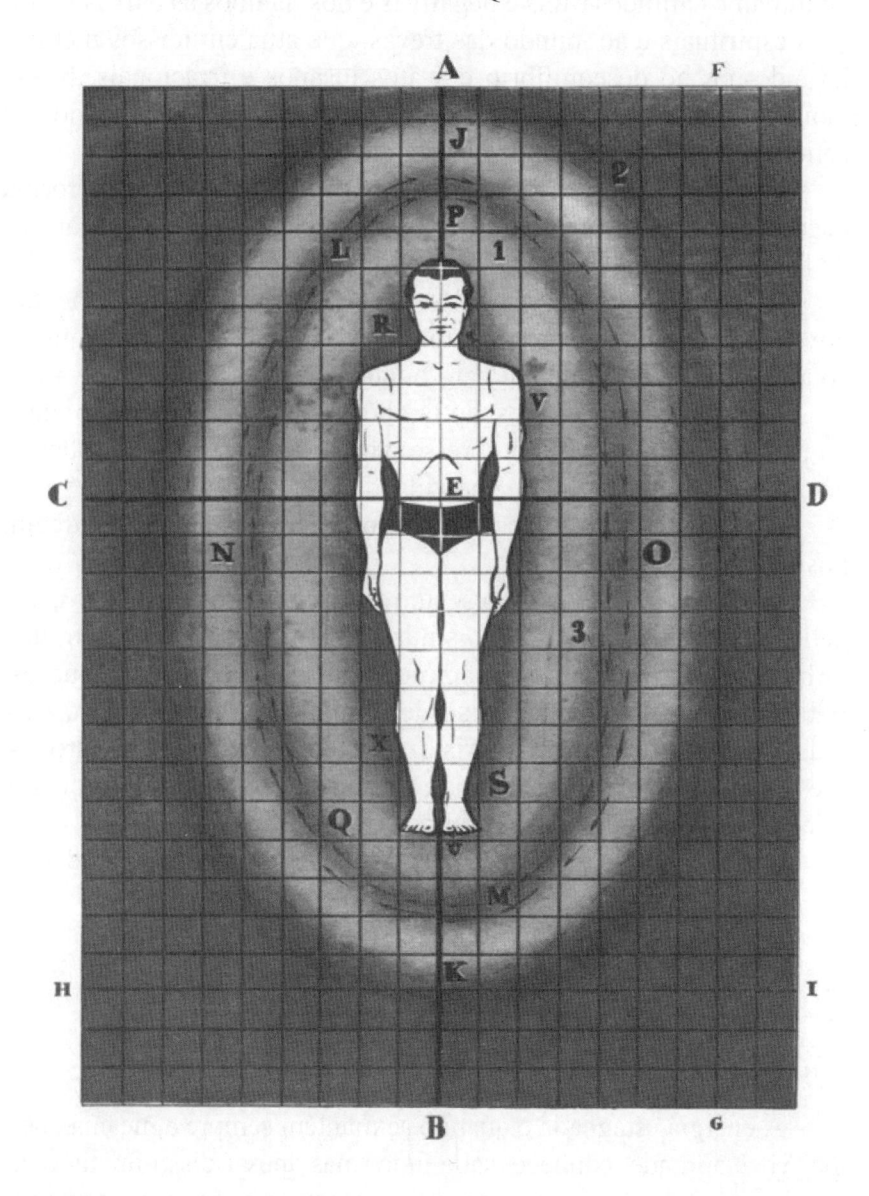

Contaminação Espiritual

A contaminação espiritual está ligada às nossas emoções, quando tomamos atitudes ruins e negativas e nos ligamos às baixas vibrações espirituais e ao mundo das trevas, que atua em nossos mentais levando-nos ao desequilíbrio e a atos insanos e irracionais. Nesse momento damos abertura para essa atuação, com nossas dúvidas e ceticismos perante as leis de Deus e da fé.

Não coloque os sentimentos que você passa na vida de forma negativa, esses sentimentos podem ser seu próprio veneno; encare-os de forma positiva e aproveite para aprender e evoluir.

A contaminação espiritual se dá pela nossa condição mental, por nossa conduta de pensamento e moral. Da mesma forma que eu conduzo meu estado mental para o lado positivo, por meio de atitudes e pensamentos positivos, eu também conduzo meu estado mental para o lado negativo. Lembre-se: você é condutor e atrai todas as energias que acontecem em sua vida.

Até que nível as situações que acontecem em sua vida o afetam positiva ou negativamente?

Várias doenças do nosso século têm seu fundo de atuação energética em desequilíbrio, como síndrome do pânico, depressão, distúrbios bipolares, apatia, desânimo, dores no corpo, enxaquecas, falta de sexo, má alimentação, surdez, bulimia, sistema nervoso alterado, descontrole emocional, tristezas, excessos, alcoolismo, drogas, pressão alta, diabetes, problemas cardíacos e vasculares, egoísmo, falta de amor, atrofiamento cerebral.

Observe o nível do seu estado mental. Observe suas atitudes no dia a dia.

Cuidados com as energias que mais geramos

A energia estagnada é quando se mantém sempre a mesma energia. Você aprende, conhece, sabe tudo, mas apesar disso faz tudo errado, não muda. Conserva sempre a mesma atitude, sente-se fraco, então recorre aos remédios, antidepressivos e calmantes. Muitas vezes não consegue ter atitudes, pensa, mas não age. Ou faz as coisas sem pensar, quando vê já foi, já fez.

Essa energia é causadora de todas as doenças citadas anteriormente. Está ligada à energia conservadora, emocional e nervosa. São coisas que praticamos no dia a dia, habitualmente, sem pensar, não são analisadas: simplesmente suprem uma necessidade animal.

É por isso que trabalhar com a troca de energia faz bem em situações que vivemos. É nessa troca que todas as nossas forças são intensificadas e consumidas em uma só situação.

Devemos repensar e saber sentir para que possamos nos recondicionar e voltar à nossa paz de espírito.

É importante saber usar a energia equilibradora diariamente, sempre mantendo a serenidade.

Tenha sempre em mente a Energia da Inteligência: quem gosta de você é você mesmo.

Capítulo V

Chacras

Na criação nós somos pura energia.

Os pontos de luz de nosso corpo que circulam, equilibram, regeneram, curam e nos mantêm são chamados de chacras. Você não está separado da energia. Quando quer ficar bravo, cria, desenvolve uma energia nervosa primeiro, para depois ficar nervoso. Você está constantemente envolto de energia. Precisamos ter em mente que o físico e o espiritual estão sempre juntos.

No lado espiritual, somos vistos como projeções de luz. É preciso aprender a lidar com o nosso corpo para que assim possamos ter compreensão das energias que fluem nele, assim não nos tornamos latas de lixo, aceitando que qualquer energia adentre em nosso campo áurico.

Devemos aprender a olhar as situações que enfrentamos na vida, a lidar com perdas, com as descargas energéticas em que passamos, saber usá-las de forma positiva.

Hoje vivemos em um mundo extremamente individualista, egoísta, consumista e negativista. Então vivemos em uma energia muito densa em nosso dia a dia. Portanto, se você não começar a mudar e a direcionar seus objetivos, vai deixar que as ondas negativas o desgastem com mais facilidade.

Fique sempre de sobreaviso. É necessário que tenhamos percepção para chegar em um ambiente e sentir a energia que está circulando

Pontos de energia durante
a gestação e formação do bebê

naquele ambiente. Devemos cuidar de nossa energia em todos os momentos.

Os chacras vêm desde nossa formação gestacional. São pontos de luz formados ainda quando somos fetos.

Durante a gestação e a formação, o feto é totalmente envolvido pelas energias da mãe. Tudo o que ela sente é transmitido, e suas energias são passadas e processadas para o corpo do feto em formação.

Os chacras do bebê são 100 vezes mais ativos do que o de sua mãe, pois necessita disso para sua formação corporal. São pontos de equilíbrio em sua futura vida material. A massagem no bebê depois de nascido é benéfica tanto ao corpo quanto ao espírito dele.

Observe que os pontos de chacras principais estão diferenciados e, no lugar do cordão umbilical, o chacra sacro, há um ponto diferente devido à formação da vida e a ligação com a mãe.

Este é o chacra da vida e, mesmo rompido na matéria, ele se mantém em projeção energética durante toda nossa existência.

> CHACRAS SÃO PONTOS DE LUZ DE
> ENTRADA E SAÍDA DO NOSSO CORPO.
> CADA PONTO DE ENERGIA LOCALIZADO EM NÓS
> ORDENA E EQUILIBRA O NOSSO FÍSICO.

O que e onde meu corpo é afetado quando a energia não circula?

- **Útero, ovários, órgãos reprodutores femininos:** Negação da feminilidade, sentimentos de sobrecarga como mulher, desejos sexuais reprimidos, medo do pecado (ENERGIA CONSERVADORA);
- **Órgãos reprodutores masculinos:** Excesso, abuso de poder, machismo, sentimento de estar perdendo o controle sobre os seus familiares, subordinados (ENERGIA CONSERVADORA);
- **Joelhos:** O que me impulsiona. Estar preso a uma determinada situação que não suporta mais, quer sair e não consegue, quer sair e não pode, ou quer mais não quer, está estagnado, acomodado;
- **Ombros / cotovelos:** O trabalho tem sido muito para mim, sinto-me sobrecarregado, tudo eu, chega, quero parar, quero ficar de braços cruzados, atado, sentimento de trabalho não reconhecido;
- **Pés:** Mimo, infantilidade, necessidade de proteção, de apoio;
- **Coluna – caixa torácica:** Acúmulo de sacolas, eu carrego a minha vida, a dos meus pais, dos meus filhos, do marido, da esposa, do vizinho, não dou conta de consertar e cuidar da minha vida, mas também não abro mão dos problemas alheios, carrego a vida, não a vivo;
- **Coluna – lombar:** Energia sexual estagnada, negação, falta;

- **Pescoço:** Falta de flexibilidade com a vida, com opiniões, com pontos de vista, pensamentos com direcionamento único;
- **Olhos:** Negação do que o mundo, a vida tem mostrado, chega, é muito para mim, eu me nego a enxergar;
- **Ouvido:** Não aceitação de opiniões alheia, não querer ouvir. Problemas em olhos e ouvidos também estão relacionados à negação da mediunidade, quando ela começa a manifestar-se e o indivíduo, sem preparo, tem medo, não quer saber;
- **Nariz:** Estar incomodado com pessoas ou situações próximas de você;
- **Tireoide:** Medo de crescer, de envelhecer, a vida corre, os anos passam, as responsabilidades aumentam, eu não sei se darei conta, se serei capaz de tudo o que a vida está fazendo surgir (desenvolvimento);
- **Garganta:** Sapos, cobras e lagartos que engolimos, falta de reação, de colocar sua opinião, preciso falar e não posso, não devo, não é hora;
- **Pulmão:** O que inclui bronquite, asma, falta de ar, etc., refere-se a bronca, sentimentos de rancor guardados que não foram colocados à tona, às vezes a bronca é de si próprio por falta de atitude no momento certo;
- **Fígado:** Todo sentimento de raiva, de ódio;
- **Rins:** Tudo que não choramos ou que não podemos chorar, porque sou homem, ou porque devo me mostrar forte, porque chorar é para fracos, demonstra derrota;
- **Estômago:** Tudo o que não consigo digerir, espero mais das pessoas, da vida, tenho visto, ouvido coisas que vão contra o que eu penso ou o que eu gostaria;
- **Intestinos:** Está relacionado com o que não queremos expor, o que está guardado dentro de nós – nossos medos, decepções, vergonhas, frustrações; escondemos o que não queremos que os outros saibam ou vejam.

O corpo fala conosco a todo o momento, ele sabe quando e o que quer comer, quando é hora de beber, de dormir, de chorar, de falar. Ele se manifesta mostrando-nos onde estão nossas falhas, onde estamos estagnando energias, onde não estamos dando condições para que nossa energia flua adequadamente.

É preciso muito AMOR, muita PACIÊNCIA, muita TOLERÂNCIA. Diferentemente do que pensamos, não com os outros, mas conosco, pois o nosso corpo nos mostra as nossas falhas que teimamos em enxergar no outro. O nosso corpo mostra exatamente onde estamos falhando, onde precisamos de aceitação, de crescimento, de amadurecimento.

Vamos nos olhar mais, não só para as ondas do nosso corpo, mas para dentro de nós, para as nossas necessidades.

Necessidades do ponto de vista de reação orgânica, uma força gerada pelo cérebro que organiza os nossos sentidos para que façamos o que ele necessita.

Vamos nos encarar, enfrentar nossos erros, conhecer nossos anseios, entender e aceitar nossas necessidades e superar; saber que o que a vida nos ensinou, o que foi culturalmente aprendido pode não ser o que eu quero para mim.

Vamos entender que somos seres, espíritos em evolução, com essência, vontade própria, particular, missão, passagens, ensinamentos que só dizem respeito a nós mesmos.

Os outros se entrelaçam, trocam energias conosco para que possamos aprender a cada dia que, acima de tudo, está o nosso Pai maior. Ele está no comando, apenas vibrando luz sobre todos os seres, para que com humildade possamos seguir o nosso caminho, sem nos perder, respeitando o outro como ele é, sem que este seja a fuga de nós mesmos. Deus está em todos os lugares. Portanto, temos que gerar em nós harmonia e equilíbrio. Assim podemos sentir a atuação de Deus em nós.

Sinta as virtudes da compreensão, do amor, da bondade, da generosidade, da amizade, da honestidade, do positivismo. Para ter certos sentimentos precisamos praticá-los primeiro com nós mesmos e depois com os outros.

Se você não ama a si, como amar ao próximo?

Não podemos dar o que não temos, não podemos doar aos outros o que não doamos a nós. A prática de bons pensamentos e de positividade tem que se tornar um hábito instintivo.

PORTANTO, PRATIQUE!

Crie uma energia de sorriso no ponto do terceiro olho

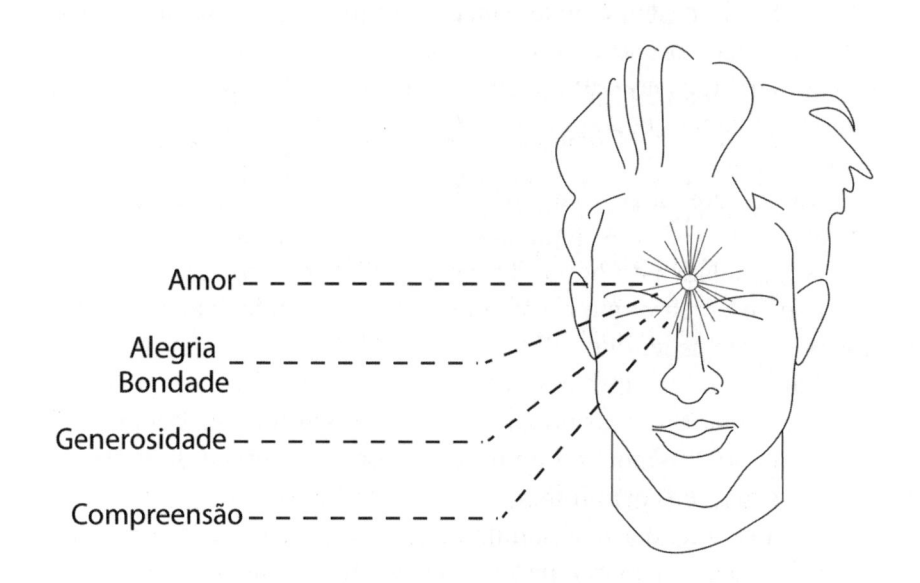

Amor
Alegria
Bondade
Generosidade
Compreensão

"Damos conta de tantas coisas na vida, de tanta tecnologia, de carros inovadores; entendemos tantos programas de informática, celulares avançados, fotos digitais. Mas não damos conta do conhecimento de nossa alma, de nosso prana energético e de nosso ser".

Cacique do Sol

Conhecendo os Chacras

- **Chacra da Testa** – Chamado de terceiro olho. Centraliza-se na glândula pineal, também conhecida como a glândula da mediunidade.
- **Chacra da Coroa** – Esse chacra é aberto quando somos bebês, é conhecido popularmente como "moleira".
- **Hipófise** – Glândula responsável por todos os acontecimentos de nosso corpo. Todas as doenças de nosso corpo

se desenvolvem primeiro na hipófise. O atrofiamento cerebral também se dá na hipófise. Quando você está muito preocupado, cansado, estressado, o primeiro sinal que o corpo dá é a dor de cabeça, porque você congestiona esse chacra.

- **Chacra da Garganta** – Envolve a tireoide, laringe, faringe.
- **Chacra do Coração** – Muitas vezes é confundido com o plexo solar, fica a um palmo da garganta. Trabalha o órgão cardíaco.
- **Glândula Tibor** – Fica entre o chacra do coração e o plexo solar. Concentra todos os sentimentos humanos. Esse ponto dói quando apertamos por concentrar as emoções que passamos na vida.
- **Plexo Solar** – Trabalha os órgãos vitais do corpo, por isso está centralizado no meio do corpo.
- **Chacra Umbilical ou Chacra do Sacro** – Está interligado ao plexo solar, a glândula tibor e a coluna. Trabalha todo o ventre, os intestinos e a bexiga.
- **Chacra do Baixo Ventre** – Trabalha todo o corpo da cintura para baixo, inclusive os órgãos sexuais.
- **Chacra da Base ou Chacra Sexual** – Está ligado ao cóccix, última vértebra da coluna. Trabalha o sexo e a libido, a masculinidade, a feminilidade, a aceitação, tem duas vertentes da virilha. Uma de suas vertentes trabalha a limpeza corporal e a descarga energética. Tem o poder de reativar todo o sistema energético, e também é responsável pelo orgasmo. Localiza-se no assoalho pélvico.
- **Chacra do Joelho** – Representa flexibilidade, é o que nos impulsiona. Quando esse chacra se congestiona energeticamente, ele logo passa isso à matéria.
- **Chacras dos Pés** – Estão centralizados todos os pontos energéticos de todos os órgãos. Pelos pés trabalhamos todos os nossos chacras, todos os nossos órgãos, a coluna, a circulação do corpo. Quando alguma coisa está em desequilíbrio no corpo, os pés doem.

Em um trabalho mediúnico, suas energias físicas são somadas às energias espirituais. Portanto, um médium desequilibrado prejudica um trabalho mediúnico, porque ele está com seus chacras, que é uma energia física, obstruídos e sobrecarregados e não dá condições de desenvolver uma boa incorporação e, consequentemente, não desenvolve um bom trabalho mediúnico.

"Sou pura energia; eu sou tudo o que falo, tudo o que penso e tudo o que vivo. Se sou amargo é porque de mim flui amargura. Se sou dócil é porque de mim flui doçura. Pense, reflita: o que você precisa fluir para ser feliz?"

Maria Amélia

Bloqueio dos Chacras

Você começa a bloquear seus chacras pelos excessos de aborrecimentos e de dificuldades que acumula em sua vida. Esse bloqueio causa o desequilíbrio dos pontos de energias em nosso corpo.

Ao primeiro problema que nos entregamos, nossos chacras são desalinhados e sobrecarregados, porque fluímos energias a todo momento.

Somos um todo perante o Universo, tudo que existe em nosso corpo faz parte de nossa energia. É pelos chacras que recebemos os passes. Quando eles escurecem é porque eles estão desequilibrados e o trabalho dos passes energéticos é fazer com que eles se alinhem.

Não pegue amarguras na vida, jogue para fora – caso contrário, você fica sempre no mesmo lugar.

Quanto melhor você está, mais sua aura se expande e se projeta energeticamente. Se você se sente mal, com tristezas profundas, mais sua aura se impacta, fica densa. Se você encolhe e sua energia não circula. Sempre precisamos ter em mente que devemos ter uma energia circulante constante para limpar nossos chacras e não contrair doenças. Tudo depende de você, de seus pensamentos, de seu mental, esta é a força de sua vida.

Quando os nossos chacras estão alinhados, eles estão sempre desta forma; quando alterados, nos encontramos em desequilíbrio.

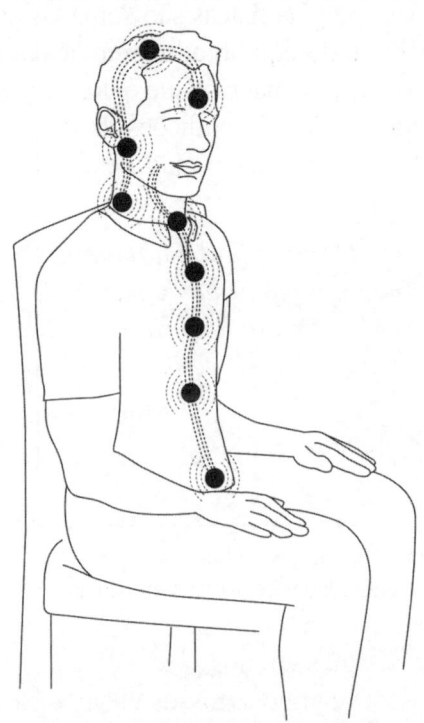

Nosso corpo em concentração, meditação ou relaxamento

Quando entramos em meditação, bem-estar e relaxamento, esses pontos se ampliam e aumentam sua ativação energética. Por isso nos proporciona um enorme bem-estar, pois nossa energia fica alinhada e equilibrada. Nesse momento nossa energia é circulante e nosso prana fluídico se expande, nosso corpo encontra a harmonia entre respiração, batimentos cardíacos e circulação, que trabalham como uma orquestra. Isso nos leva à paz interior e nos ajuda a solucionar muitas situações que vivemos.

Na figura a seguir a Força Universal flui para baixo, descendo em espiral no sentido horário até o chacra coronário. Sua respiração precisa ser através da boca para ativar a saliva, misturá-la com as Forças Universais e Terrenas e transformá-la em força de vida.

A força terrena sobe em movimento espiral no sentido anti-horário pelo períneo. No chacra umbilical se projeta na circulação, ativando a essência do ser como um todo. Seres humanos têm a habilidade de canalizar as essências das Forças Universais e Terrenas para equilibrar e fortalecer o corpo, a mente e o espírito.

O que alinha os chacras é a meditação, e o que os desbloqueia é a limpeza de sentimentos negativos de sua vida. Devemos buscar o equilíbrio e a harmonia quando mais precisamos, e não deixar o desequilíbrio tomar conta do nosso ser.

Você é este ser de energias circulantes ativas, elas partem de nós para o universo e vêm do universo para nós. Vivemos constantemente a plenitude da criação, mas não nos damos conta disso.

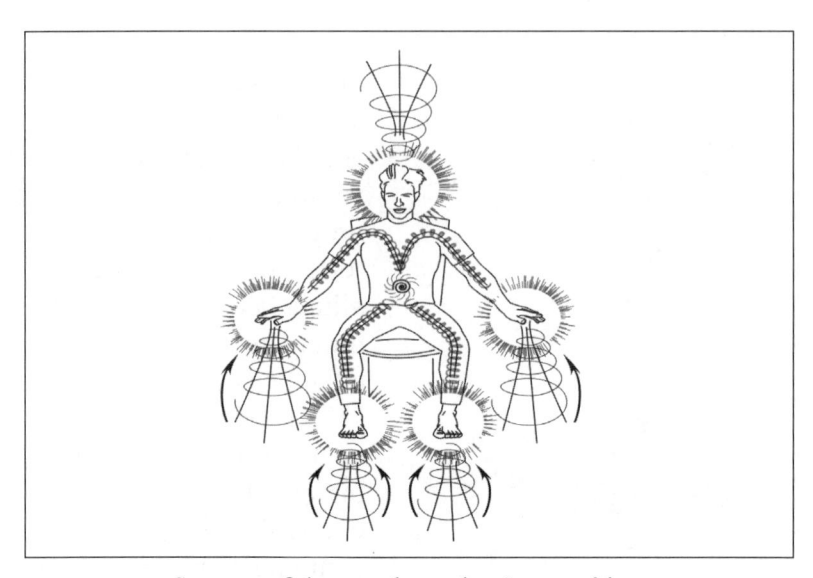

Seu corpo físico em plena ativação energética.
Nossas energias circulantes usadas nas atividades espirituais ou físicas.

Aproveite a aula e experimente. Relaxe e faça o exercício.

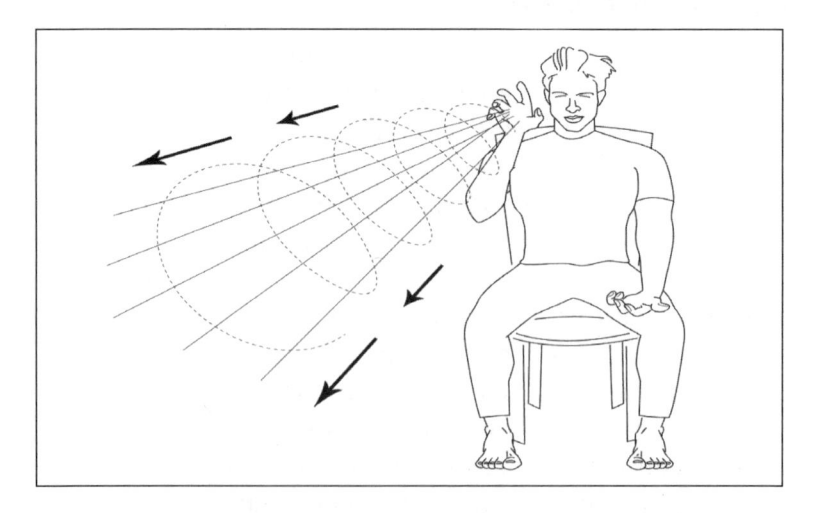

Projeção de energia: nossa energia corporal sendo projetada, direcionada a um determinado ponto, lugar ou pessoa.

Sentindo a sua energia física

Ativação energética

"Nossos Chacras são pontos de luz que nos mantêm conectados à vida. Somos seres espirituais ligados a uma vida física. Somos energia pura."
Pai José de Aruanda

Polaridades mediúnicas

Equilíbrio energético das polaridades

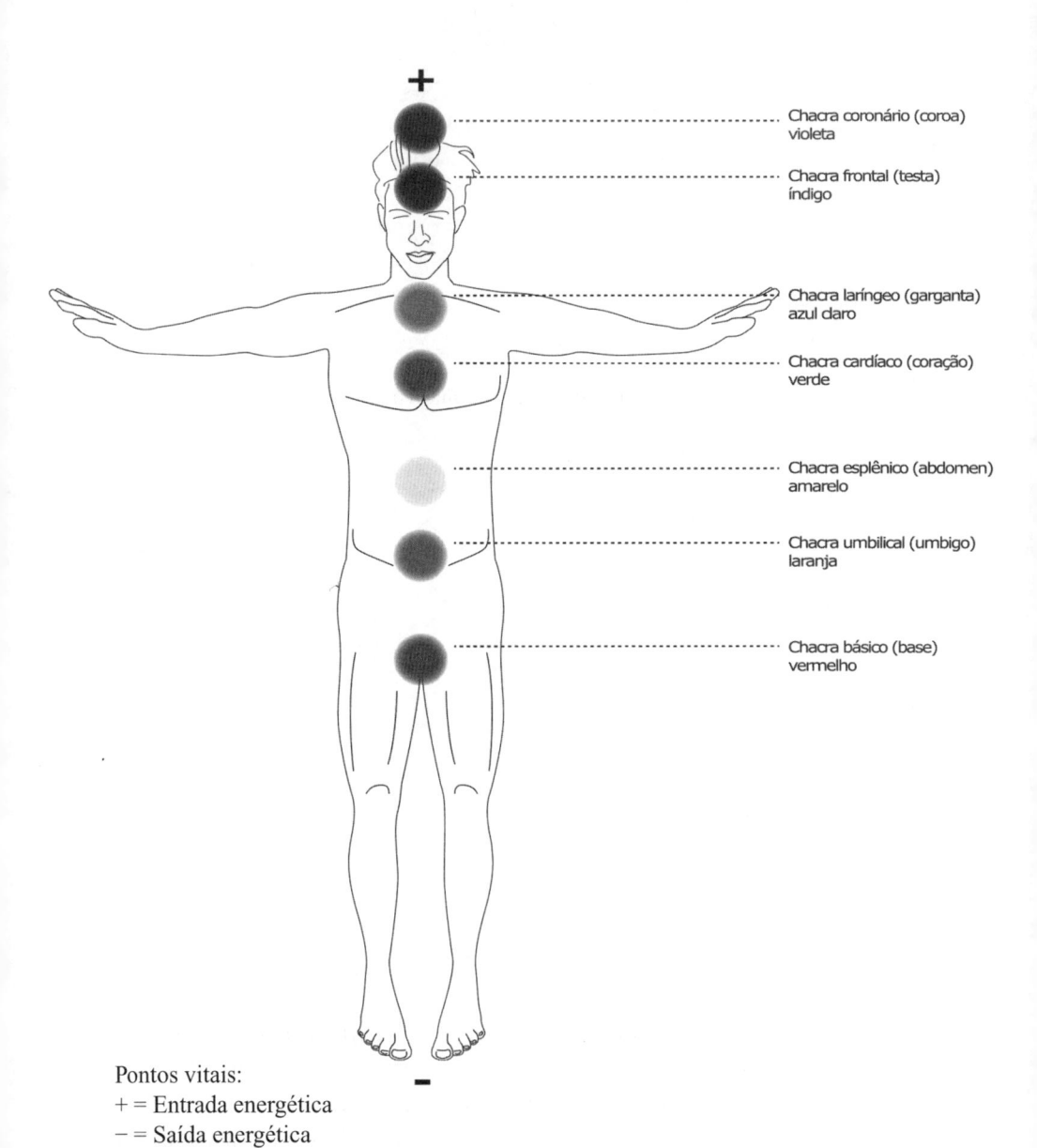

- Chacra coronário (coroa) violeta
- Chacra frontal (testa) índigo
- Chacra laríngeo (garganta) azul claro
- Chacra cardíaco (coração) verde
- Chacra esplênico (abdomen) amarelo
- Chacra umbilical (umbigo) laranja
- Chacra básico (base) vermelho

Pontos vitais:
+ = Entrada energética
− = Saída energética
• = Chacras em projeção

Até agora estudamos o físico, o material. Inclusive a sua mediunidade faz parte do seu corpo material, embora ela seja ligada ao plano espiritual. Os chacras são pontos de luz que fazem a conexão do material ao plano espiritual.

Tudo o que existe no plano material é energia. Devemos conhecer as energias que estão nos rodeando a todo momento para podermos conhecer nossa mediunidade. E conhecendo nossa própria mediunidade, como médiuns devemos utilizá-la a nosso favor.

Saiba que nossa vida física é limitada, mas a vida espiritual é eterna, por isso às vezes temos a sensação de que já vivemos algo, mas na verdade essa informação ficou gravada em nosso espírito.

A criação, do ponto de vista energético, é muito grande perto de nós, somos menores que um grão de areia perto dela. Por isso é preciso crescer e aprender, sempre estudando e quebrando os tabus da ignorância.

Linha do tempo
Energia vital
Hoje
Dia do nascimento
Temporal
Futuro
Energia vital
Atemporal
Passado
Energia que fluímos

Entenda que na sua linha do tempo você fluiu energias vitais, desde o seu passado até o presente momento, e iremos fluir energias em nosso futuro.

Logicamente, durante essa linha do tempo nós cometemos alguns erros e alguns acertos, mas, entenda, aprenda com seus erros, utilize-os como lições para o futuro. Não leve sua vida preso ao passado. Lembre-se de que neste processo a felicidade é opcional. Nossa vida é feita por nossas escolhas, portanto, quais são as energias que você quer vibrar em sua linha do tempo no seu futuro?

Toda energia é neutra, nós as recebemos, conduzimos essas energias e as lançamos ao universo, mas lembre-se: o universo nos devolverá essa energia.

Qual é a energia que você está emanando para o universo? Negativa? Positiva?

Lembre-se que você a receberá de volta.

Condição cerebral

*"Há mais coisas entre o céu e a terra
do que julga nossa vã filosofia."*

William Skakespeare

A nossa condição cerebral é muito importante durante nossa vida, porque é no cérebro que está localizado o nosso raciocínio, os nossos pensamentos. A condição mental também é importante na sua mediunidade, pois ela está localizada no cérebro.

Normalmente nossa condição mental está relacionada ao condicionamento cerebral a que somos submetidos em nosso dia a dia. Geralmente vivemos condicionados a fazer as mesmas coisas do mesmo jeito todos os dias e isso causa um atrofiamento cerebral e prejudica nossa conexão mental com o plano espiritual.

Esse atrofiamento mental é causado por nós mesmos, com nossas manias, nossos preconceitos e nossas neuroses. Hoje em dia é comum os médicos diagnosticarem casos de TOC e de bipolaridade. No entanto, alguns desses casos podem ser gerados por causa do atrofiamento que nós nos submetemos.

Atrofiamento

Nosso cérebro atrofia quando não passamos informações constantes a ele, com milhões de neurônios e com poder inimaginável, pois a medicina ainda não conseguiu destrinchar todos os poderes cerebrais de uma pessoa. Nós nos condicionamos, pois fazemos sempre a mesma coisa, sempre igual; se mudar, você se atrapalha, não sabe mais onde está.

Esse condicionamento cerebral torna-se atrofiamento quando não reabastecemos o cérebro com novas informações sobre o mesmo assunto. Nesse estágio é muito normal as pessoas sentirem preguiça de racionar, isso se torna até doloroso. Inventar, criar, raciocinar, executar ou até mesmo ter reflexos e pensamentos ágeis torna-se difícil.

Nossa máquina cerebral precisa ser abastecida diariamente com novas informações e com exercícios que fortaleçam a memória, pois nosso desgaste físico é passível. Então precisamos tentar atardar este fato.

Como? Com exercícios diários, trocar coisas de lugar, prestar atenção em nomes e datas e guardá-los para repetir depois, decorar as letras de músicas, mudar o caminho, trocar o lado. Sair da rotina.

Reativar sua percepção é fundamental nesse estágio, pois ela flui em nosso prana. Sentir o ambiente que está, seus pressentimentos, suas sensações corporais, sentimentos e emoções que carregamos.

Ative sua agilidade, seu equilíbrio e treine seu raciocínio.

Isso lhe trará benefícios futuros que sentirá ao passar dos anos.

Capítulo VI

Ser Médium

Muito se fala sobre a mediunidade, mas todos nós somos médiuns, porque todos nós temos sensibilidade, emoção, sentido da vida, percepção. A mediunidade está ligada ao nosso corpo físico e ao nosso espírito, porque um espírito vive sem um corpo, mas um corpo não vive sem um espírito.

Mediunidade resume-se nestas três palavras poderosas e contidas no sentido da vida, porque para tudo que formos realizar precisamos de:

DISCIPLINA, COMPROMETIMENTO E RESPONSABILIDADE.

Por que não com Deus?

Porque não querer obter obrigações com o plano espiritual, se é ele que administra tudo na vida? Você é o plano espiritual em matéria, lidando com energias que precisa para equilibrar sua evolução.

O que é ser médium?

(Respostas obtidas em aulas do curso mediúnico da Casa de Caridade Cacique do Sol)

Propósito espiritual para prática da caridade:
- Responsabilidade com você e com a caridade;
- Humildade para aprender;
- Sentir – externo;

- Doação constante;
- Saber doar-se;
- Dom divino;
- Presente de Deus;
- Amor;
- Uma conduta.

O QUE VOCÊ ACHA SOBRE O QUE É SER MÉDIUM?

Mediunidade

O que é ter mediunidade?
(Respostas obtidas em aulas do curso mediúnico da Casa da Caridade Cacique do Sol)
- Intermediário do espiritual e do físico;
- Responsabilidade;
- Compromisso e comprometimento com o astral;
- Amor e doação à humanidade;
- Tolerância e perseverança;
- Sensibilidade;
- Caridade;
- Reconhecer o dom;
- Intermédio com o mundo espiritual.

Mediunidade é a união dos meridianos, todos a têm, mas apenas alguns têm a perspicácia de sentir e aflorar todos os seus sentidos mais que os outros.

O médium é o meio de comunicação entre o plano espiritual e o material e, para manter a conexão, é necessário estar ligado a seu mentor. Você pede antes de nascer esta missão; pode não se lembrar, mas os acontecimentos da vida que o rodeiam faz com que se lembre de seu compromisso com o plano de Deus.

Existem vários tipos de mediunidade.

Vidente – tem o dom de ver cenas, cores, espíritos, imagens. Pode ver apenas a olho nu ou utilizar algumas ferramentas como cartas, búzios, etc.

Sensitiva – tem o poder de sentir a dor, a felicidade, o sofrimento ou a dificuldade dos outros ou de ambientes onde entram.

Intuição – tem o dom de ouvir e receber mensagem de seu mentor ou de outros espíritos. Pode também prever e aconselhar sobre acontecimentos que estão por vir.

Incorporação – que abre seu perispírito para receber seu mentor e seus guias para trabalhos e para cura. Utilizados nos trabalhos de terreiro de Umbanda e mesa branca.

Médium de tarefas – são os médiuns que trabalham em benefício do templo que frequentam, assessorando os médiuns incorporantes ou desenvolvendo funções administrativas do próprio templo.

Como utilizar sua mediunidade em sua vida?

- Conhecer a si mesmo, seu corpo, sua personalidade, sem mentiras ou enganação, é sua essência como ser;
- Utilizar sua percepção com inteligência no seu dia a dia;
- Utilizar sua mediunidade para seu bem-estar, para seu crescimento e evolução espiritual.

Incorporação – Psicopraxia

"Meio de comunicação mental ligado às emoções físicas e naturais. Somos parte de um todo, de um universo completo e complexo."

Pai José de Aruanda

A incorporação, também conhecida como psicopraxia, é o termo utilizado pelo Espiritismo para descrever o ato pelo qual um médium permite que um espírito se manifeste através de seu corpo, ou seja, é o dom mediúnico de receber no seu corpo a vibração de um espírito. É muito praticada nos Centros de Umbanda, e a importância de sua compreensão nos ajuda a quebrar tabus e medos.

Para que a incorporação ocorra é necessária uma sintonia entre o espírito (entidade) e o médium (humano). A ligação se dá pelo chacra da testa, conhecido como terceiro olho, onde se localiza a glândula pineal (a glândula da mediunidade). Esse ponto fica bem no centro da testa, mas o processo da incorporação também atua pelo centro da cabeça – o chacra coronário ou coroa – não é à toa que, quando somos bebês, as mães têm um cuidado com a chamada "moleira". A ligação se dá também pela hipófise, que reequilibra nossa consciência e subconsciência, pois é responsável por todos os acontecimentos de nosso corpo.

Aqui se explica o motivo de cuidarmos com muito respeito e amor da nossa cabeça (Coroa ou Ori), pois é por ela que se dá a conexão energética com seus Orixás e mentores.

Cada médium tem um tipo de mediunidade; alguns mais, outros menos sensitivos, porém é necessário aceitar a sua própria mediunidade para poder dar vazão equilibrada para ela. Por isso, lembre-se de que quem dá uma boa condição mediúnica para a sua incorporação é você mesmo.

Assim, para uma boa incorporação devemos sempre conservar uma boa condição mental e uma higiene espiritual em nossas vidas, respeitando os resguardos necessários à nossa incorporação, não comendo carne vermelha, não ingerimos bebidas alcoólicas e evitando sexo antes dos trabalhos espirituais. Isto ajuda no seu prana energético físico e atua no seu prana enérgico espiritual.

HÁ PERIGO DE DESENCARNE (MORTE) NA INCORPORAÇÃO E DESINCORPORAÇÃO?

Toda pessoa, ao reencarnar, traz consigo três frequências de vibração distintas:

A **Frequência Nominal**, que é a vibração original de interligação do espírito encarnado e seu corpo material. É a frequência diária do seu corpo físico e do seu ser.

A **Frequência Operacional**, que é aquela vibração alterada quando estamos recebendo de nosso prana enérgico a atuação de energia de outro espírito e que acontece de acordo com a necessidade da entidade de incorporar.

A **Frequência de Transição**, que é o limite de vibração do Ser que, se atingida, ocasionará o desenlace material do Ser; costuma ser 10% superior à frequência operacional. Para que ela ocorra é preciso que já estejamos com atuação de outro espírito em nosso corpo físico e espiritual.

Uma Entidade, quando em operação ideal, atua a aproximadamente 10% da Frequência de Transição do médium, então qualquer quebra de corrente pode provocar a ultrapassagem do limite operacional, atingindo a Frequência de Transição e ocasionando a morte do médium pela ruptura do elo entre o Espírito encarnado e o corpo físico. Aqui vimos a importância da concentração, porém – vamos deixar claro – não existem registros de casos de desenlace de médiuns por praticarem a incorporação, pelo contrário, ela rejuvenesce, revitaliza e regenera o corpo físico, devido à ligação e troca de energia com uma entidade de luz.

A seguir, podemos observar como se processa a incorporação do ponto de vista das vibrações do médium: no gráfico abaixo, para seu entendimento, colocamos as duas vibrações existentes no ser humano, a positiva e a negativa, mas vamos ressaltar que a vibração negativa ocorre quando o médium dentro de seu ritual espiritual se desconcentra, se distrai, se desliga daquilo que está realizando naquele momento. Por isso a importância da concentração e manutenção das orações nos rituais religiosos, ou seja, quaisquer rituais que irão executar.

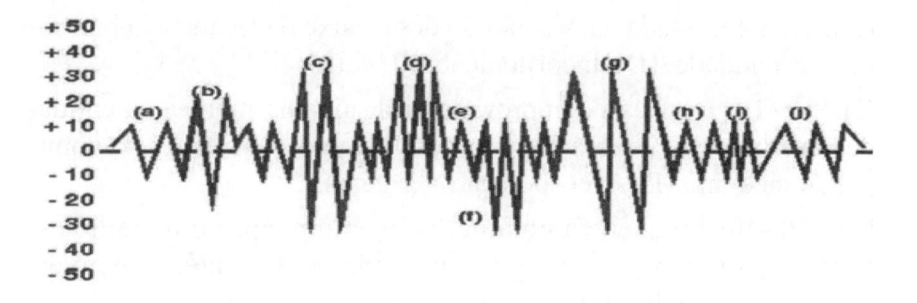

(A) +10 -10: Frequência Nominal, ou seja, a normal do médium, você, sua essência espiritual, quando chega ao templo, início dos trabalhos, preparativos iniciais.

(B) +20 -20: Início do desenvolvimento, incidência da 1ª Vibração Espiritual recebida, inicia-se a concentração; aqui podemos falar da importância do silêncio e da prece. Abertura do ritual.

(C) +30 -30: Desenvolvimento ativado. Frequência operacional só apresentada na 4ª ou 5ª vez em que a Entidade vibra sobre o médium.

(D) +30 -10: Elevação demasiada da frequência nominal, é marcada pelo enlevo do médium, na tentativa de tornar-se só positivo, prejudicando o equilíbrio indispensável. Mental em desequilíbro, forçando a concentração.

(E) +10 -10: Frequência Nominal, após o início do desenvolvimento. Nota-se o espaçamento entre os ciclos, demonstrando o estado de relaxamento quer material, quer espiritual do ser encarnado. Concentração natural em oração, fé ativada.

(F) +10 -30: Quebra de corrente. Quando o médium trabalha com o seu lado negativo, a Frequência semelhante. Desconcentração e desequilíbrio, dispersão de pensamentos e sentimentos.

(G) +30 -30: Incorporação comprovada, dando condições para a prática da caridade. Notam-se as frequências positivas e negativas exatamente idênticas, equilibradas, assim como o espaçamento entre os ciclos. É nesse estado, chamado de harmônico, que a entidade pode encaixar e firmar da sua própria frequência energética e assim permanecer enquanto necessário for. Desta forma harmônica, a entidade com seu poder restaura e reequilibra todas as energias corpóreas do seu médium.

(H) +10 -10: Aparente Frequência nominal do médium, leve consciência, apresentada na ocasião do desencaixe da frequência harmônica da entidade. (Desincorporação – 1ª fase)

(I) +10 -10: Descarga comprovada pela saída harmônica da entidade, reverberação necessária ao reaparelhamento de frequência nominal do médium. (Desincorporação – 2ª fase)

(J) +10 -10: Frequência nominal do médium, após o trabalho espiritual. Notem que as energias vibracionais se mantêm em níveis estáveis, restabelecendo e harmonizando seu prana áurico.

Passes

Passe é a transmissão de energia, o fluxo energético, a condensação de fluidos de uma entidade (Guia Espiritual) para uma pessoa, esteja ela em qualquer condição emocional, física ou espiritual. É sempre magnético porque uma vez ativado se utiliza do magnetismo de duas ou mais pessoas na sua atuação.

Um passe pode se dividir em várias atuações, ativações e sentidos. Ele pode ser de limpeza para descarregar uma pessoa que esteja com cargas negativas que ela mesma gerou, ou para livrá-la de ataques de espíritos das trevas, obsessores, que a prejudicam trazendo-lhe maus fluidos e doenças emocionais.

Um passe pode ser de cura, pois sua reposição e projeção energética atuam nos chacras e nos órgãos doentes, trazendo às pessoas bem-estar, melhora e recuperação. Este passe bem aplicado e com entidades de luz atua na imunidade corporal do paciente que está com seu corpo doente e em deficiência; sendo assim o magnetismo do passe consegue agilizar a renovação das células; com a ativação da cura a reposição celular se equilibra, pois a energia restaura as células que estavam doentes.

Um médium bem preparado e equilibrado pode realizar um passe em benefício de um irmão, mesmo sem incorporar sua entidade, pode realizá-lo a distância e pode também atuar apenas para restaurar a energia de alguém que precisa de um socorro.

O médium pode se beneficiar do passe praticando o autopasse, isso é muito bom, pois ajuda o médium na sua própria atuação áurica, prana energético, cocção espiritual e cura pessoal. Pode aplicar o autopasse a qualquer hora e lugar, basta saber manter seu equilíbrio e fluxo energético contínuo, concentração e respiração. Lembre-se de que o passe tem o poder verbal de tudo que dá força à ação, então busque sempre seu poder natural na linha de vibração universal. Inicie sempre com uma prece, pedindo o poder de Deus acima de tudo para restaurar qualquer energia que parta de você e ao campo de energia que circula em seu meio ambiental.

EU ESTOU EM DEUS, E DEUS ESTÁ EM MIM.

Exercício de Autopasse

Para chegar à perfeição precisa de treino, isto vale para tudo que praticamos na vida. Aqui não é diferente.

Então agora, para iniciar este exercício, fique bem confortável, busque calma e tranquilidade no ambiente em que está, fique sozinho, se possível. Feche os olhos e respire lentamente. Sinta a energia de seu corpo, seu coração, sua circulação. Respire!

Solte suas emoções e sensações, deixe tudo aflorar. Respire bem profundamente e solte bem devagar, repita três vezes seguidas.

Com as palmas das mãos viradas para cima, faça esta oração:

TUBO DE LUZ

Deus todo-poderoso, presente em meu coração, projeta em torno de mim um tubo de força eletrônica. Torna-o tão possante que nada de mal possa atravessá-lo. Faz com que nós sejamos invisíveis, invencíveis e invulneráveis a tudo que não seja o teu amor, tua sabedoria e teu poder. Obrigado ó Deus todo-poderoso! Tú atendeste ao meu apelo.

Deus todo-poderoso presente em meu coração, Cristo presente no coração de todos os homens. Grandes seres, grandes potências e Legiões de Luz, carreguem este grupo e todas as almas que estão sob vossos raios com a vitória mais dinâmica e a força dos Mestres Excelsos, com sua luz, sua potência, sua rapidez de ação, sua força e com toda chama azul dos milhares de sóis.

Renova-a mil vezes a cada hora. Grande Diretor divino, atende as nossas invocações neste mesmo instante com tua rapidez e tua força, que não conhecem nem o tempo nem o espaço.

Seres grandes, majestosos, do grande Sol Central, supre toda carência e dá aos humanos o que tu podes dar.

Ó potência da luz, dá-nos toda chama azul necessária, para alcançarmos todos os nossos apelos, multiplicá-los ao infinito e torná-los eternamente eficazes.
Amém.

Anjo da guarda

Quando falamos de anjo da guarda, imaginamos um espírito de asas, branquinho ou douradinho que ficaria à nossa volta para nos proteger. O anjo da guarda é a essência interior de cada indivíduo, e sua força de vida. Deus quer que você seja você mesmo, sua essência, isto é o seu anjo da guarda. Deus quer que nós aceitemos nossos defeitos e nossas qualidades para podermos EVOLUIR.

Mas, o anjo da guarda, um guardião, um protetor para proteger o quê? Se o universo vive em plena harmonia. O agressor da natureza é o próprio homem, e o anjo da guarda, ou seja, a essência do homem, está aí para proteger o homem dele mesmo.

"Salve seu anjo da guarda" significa salve sua essência, sua existência, salve seu espírito como ele é, seu ser, sua vida.

Quanto mais você se conhece, mais evolui.

Salve você de você mesmo!

Mistificação – Insegurança

A mistificação envolve a psique do médium doente que o pratica. Quando praticamos e aprendemos a estudar nós mesmos, essa palavra perde o sentido e a atuação.

Misti – fica – ação.

Mentir, ludibriar – ficar na ação errada, permanecer.

Nessa hora a Lei de Pemba e a Lei da Vida (ação e reação) se apossam do resto. A insegurança não tem o que falar, pois tudo o que já expliquei e disse é repetir. Insegurança apenas para iniciantes e todos que querem continuar no erro. A prática da boa mediunidade só leva ao melhoramento do ser humano, assim ele pode melhorar sua vida material e seus relacionamentos com outros da sua espécie.

Comportamento mediúnico

O que é comportamento mediúnico?

O comportamento mediúnico são as atitudes que você tem na sua vida, na sua casa, no seu corpo, ou seja, seu comportamento e suas atitudes em qualquer minuto de sua vida.

Todos nós temos que manter a cabeça em cima do pescoço, porque o mundo hoje está diferente da época que em foi fundada a Umbanda. Nos tempos antigos um homem tinha palavra, e quando dois homens fechavam um acordo, apenas um aperto de mão bastava; e mesmo que dez anos se passassem, a palavra valia a mesma coisa. Mas hoje o mundo está mudado; as pessoas dizem uma coisa pela sua frente e pelas costas dão uma rasteira, por isso o comportamento mediúnico é mais importante que nunca.

Hoje não temos mais acesso a uma mata, a uma cachoeira, a uma praia por causa da indisciplina dos médiuns durante todos os anos. Muitos não estão usando a religião com inteligência. Estão barganhando Deus, vendendo a palavra de Deus para seu próprio lucro. Por isso, hoje muitos homens criam leis que proíbem o acesso a matas e cachoeiras, porque existem espíritos de luz atuando nessas pessoas com a finalidade de manter o equilíbrio cósmico interplanetário.

Mas hoje estamos aqui para falar e limpar seus comportamentos e atitudes de sua vida, para você manter seu equilíbrio com o universo. Muitas pessoas mantêm uma visão de vida funicular, ou seja, você se mantém fechado para a visão do mundo e só enxerga o seu próprio umbigo.

E para você enxergar seu mundo pela visão universal é necessário uma mudança de postura com a Lei Universal, porque nessa ótica nós vivemos na Lei de Ação e Reação; nesta lei um precisa do outro.

Então, enquanto vivemos dentro da visão funicular, suas coisas não acontecem porque suas energias circulam sem transmutar e sem fluir na sua vida.

Devemos lembrar que nossa vida espiritual começa no encerramento dos trabalhos, quando se fecha o portão do centro.

Em todo momento é necessário avaliarmos nosso comportamento mediúnico e se a atitude vale realmente a pena.

No universo existe uma energia negativa contrária chamada Egê.

Egê é a força negativa natural de cada médium, os atritos energéticos existente no centro, gerada e trazida aos trabalhos. Com sua ativação ela atua em tudo e em todos de forma negativa e o plano negro se aproveita para criar atritos e brigas dentro da corrente, trazendo desequilíbrio, doença e até mesmo desgraça aos médiuns frequentadores daquela casa. Essa energia gira em volta do terreiro, dentro dos trabalhos espirituais. Nós, como pessoas limítrofes que somos, muitas vezes não vemos o mundo espiritual que nos rodeia, não enxergamos os espíritos negativos que estão ao nosso redor e nos entregamos ao negativo.

Quando se dá início a um ritual espiritual, o médium passa a ser um "ser dobrado", devido à atuação mediúnica que ele está sofrendo.

Sua má atitude fora do centro que trabalha gera uma energia contrária, dando abertura a forças negativas espirituais que atuam sobre você. Isto é gerar Egê. Assim que você deixar de vibrar nesta energia negativa, suas coisas começam a acontecer.

O mau desenvolvimento da sua mediunidade.

Cabe a cada um utilizar sua mediunidade de forma coerente e correta, pois seremos cobrados e castigados pelo seu mau uso. O enriquecimento fácil com cobranças de trabalhos, aproveitar-se do desespero alheio leva o médium à decadência e à perda dos seus dons mediúnicos.

Ego, vaidade, arrogância, medo. Todos esses fatores jogam o médium em profundo buraco; o seu egoísmo pelas coisas materiais e sua vaidade enchendo-se como pavão por ajudar ou curar essa ou aquela pessoa, querendo se exibir com sua arrogância e prepotência, achando que tem o que na verdade não tem; isso tudo o arrasa e lhe traz lições de profundo sofrimento e dor, até mortes violentas.

CUIDADO!

Por que muitos médiuns pegam carga negativa?

Muitos médiuns usam a mediunidade como fuga. Lembre-se: a carga de seu barco deve estar bem arrumada e amarrada. Se não temos conhecimento de nós mesmos, abrangemos os problemas dos outros e passamos a ver e a absorver os negativos dos outros.

Todos nós deveríamos ter o autocontrole necessário e suficiente para não pegar cargas negativas.

Não estamos sozinhos neste mar: pense positivo e vibre coisas boas. Devemos manter nossa energia constante para não carregar os problemas dos outros. Corte a sintonia de quem está vivendo em negatividade.

A importância das palavras do Pai Thomas faz muito sentido para que possamos melhorar nossa autoestima. Temos muito caminho a trilhar, e não basta só estudar, devemos aplicar em nosso dia a dia esses novos conhecimentos.

Somos seres humanos, e ainda mais: somos médiuns e seremos cobrados por isso. Comece a se corrigir, estamos em aprendizado constante, descubra os pontos que devem ser corrigidos, vamos seguir rumo ao sucesso espiritual.

Condição mental negativa

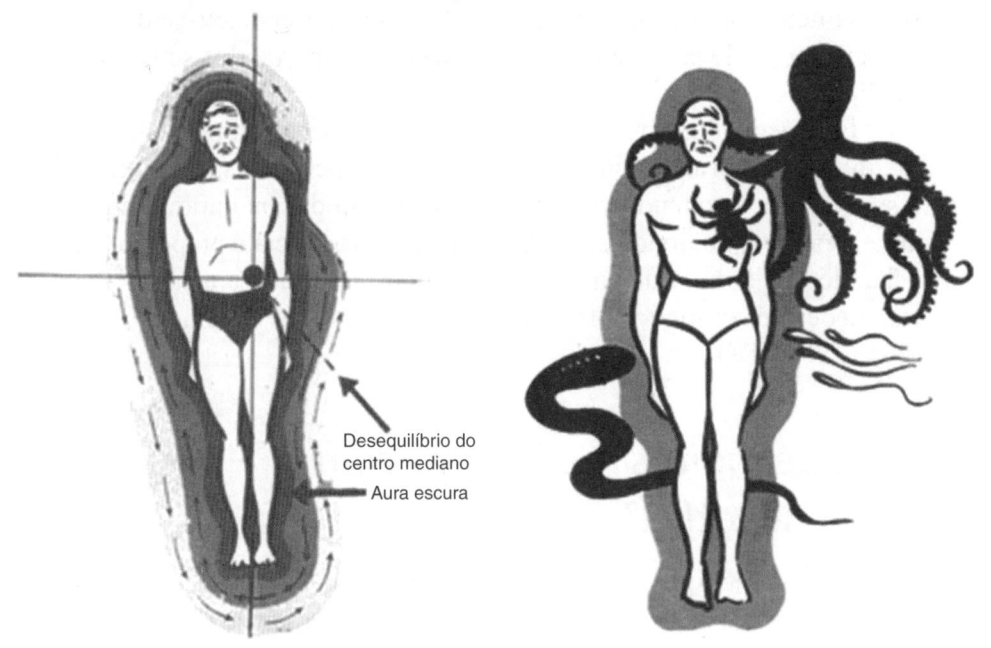

Desequilíbrio do centro mediano
Aura escura

Corpo doente   Larvas fluídicas

Assim se encontra nosso prana áurico quando possuído de depressão, desânimo e descrença. Nosso mental negativo toma forma em nossa energia e sua condensação nos adoece. Assim as larvas fluídicas se alojam em nosso perispírito causando-nos dores corporais, doenças mentais e físicas graves.

Nossas energias condensadas fluem com mais dificuldade e muito mais devagar, por isso nos sentimos muitos cansados quando nos encontramos dessa forma. Não temos forças de sair dessa condição, pois nos sentimos fracos e sem forças; isso acontece porque nossa energia corporal está densa e sua circulação centrífuga lenta. Nossas energias não se renovam e as larvas que já se alojaram em nosso prana estão tomando formas e se alimentando de nós, do que fluímos naquele momento.

Somos sugados e, se permitir, você cria aqui sua obsessão.

Como o espírito obsessor atua no corpo físico?

Sua atuação é pelo poder do nosso pensamento e pelo nosso ego. Nosso orgulho e aquilo que cultuamos no nosso íntimo implica e colabora para este fato ocorrer.

Pode haver possessão de mentores que incorporamos?
Como isto acontece?

A possessão de um espírito de luz ou de um irmão desencarnado que já possui evolução é quase que impossível. Mas, de acordo com o comportamento do médium, o que ele faz e pensa, pode ocorrer o afastamento da entidade de luz e a espera para que o médium aprenda a lição da vaidade e do orgulho. Sendo assim, muitas das possessões que passamos fazem parte da nossa evolução e aprendizado, e às vezes nos levam de volta ao caminho que realmente devemos seguir.

Devemos cultivar sempre a busca da nossa melhora como pessoa e como ser. Com equilíbrio e amor, para chegarmos à paciência na evolução espiritual e mental.

Estratégias mentais:

Como manter sua energia positiva

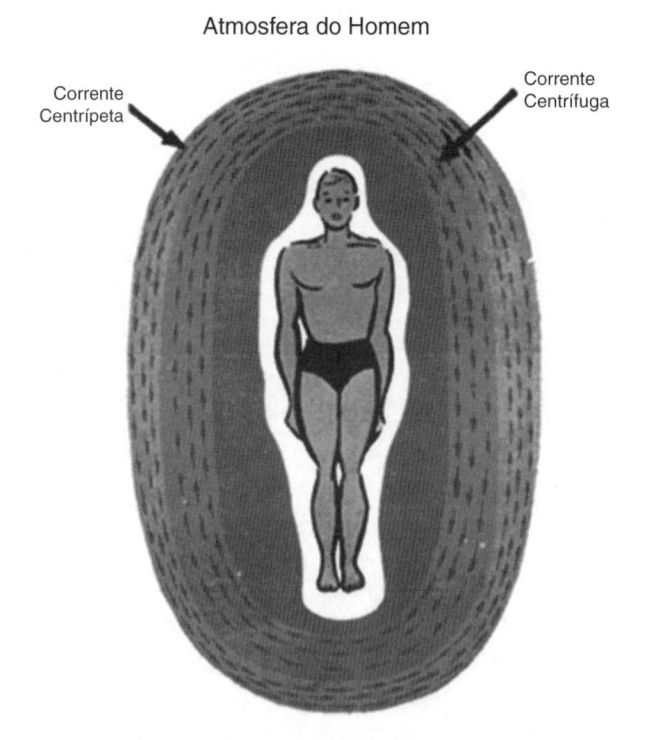

Atmosfera do Homem

Corrente Centrípeta

Corrente Centrífuga

Sua aura deve estar assim constantemente, como na figura acima.

Desta forma você se encontra equilibrado e forte, suas energias se renovam a cada segundo, sua energia centrífuga gira de forma acelerada como ela deve ser, constante, forte e vibrante.

Seu corpo se encontra em harmonia e é ativado com todas as emoções e sentimentos que você gera e, sendo assim, restabelece um centro de equilíbrio junto ao universo em que faz parte.

O que você deve fazer de dentro para fora

Vamos manter a mente com bons fluidos e energias positivas:

1. Pense sempre de forma positiva. Quando um pensamento negativo vier à sua mente, seja rápido e troque-o por outro! Para isso, é preciso muita disciplina mental. **Treine muito.**
2. O medo é uma das maiores causas de nossas perturbações interiores. Tenha fé em você mesmo. Sentir medo é acreditar que os outros são poderosos. **Não tenha medo de nada e ninguém. Não dê poder ao próximo.**
3. Não se queixe. Quando você reclama, atrai para si toda a carga negativa de suas próprias palavras. **A maioria das coisas que acabam dando errado começa a se materializar quando nos lamentamos.**
4. Risque a palavra "culpa" do seu vocabulário. Não se permita sentir esta sensação, pois quando nos punimos abrimos nossa retaguarda para espíritos opressores e agressores, que vibram com nossa melancolia. **Ignore-os. Quando se sentir assim, REZE. Faz bem a alma.**
5. Não deixe que interferências externas tumultuem o seu cotidiano. Livre-se de fofocas, comentários maldosos e gente deprimida. Isto é contagioso. **Seja prestativo, sintonize com gente positiva e de alto-astral.**
6. Não se aborreça com facilidade, nem dê importância às pequenas coisas. Quando nos irritamos, envenenamos nosso corpo e nossa mente. **Procure conviver com serenidade e, quando tiver vontade de explodir, conte até dez.**
7. Viva o presente. O ansioso vive no futuro. O rancoroso vive no passado. Aproveite o aqui e agora. Nada se repete, tudo passa. **Faça o seu dia valer a pena.** Não perca tempo com melindres e preocupações, pois isso só traz doenças.

O que você deve fazer de fora para dentro

1. A água purifica. Sempre que puder vá à praia, a um rio ou a uma cachoeira. Em casa, enquanto toma banho embaixo do chuveiro, de olhos fechados imagine seu cansaço físico e mental e toda a carga negativa indo embora.

2. Ande descalço quando puder, na terra de preferência. Em casa, massageie seus pés com um creme depois de um longo dia de trabalho ou os escalde em água morna. Acrescente um pouco de sal para se descarregar.
3. Mantenha contato com a natureza; tenha em casa um vaso de plantas pelo menos. Cuide dele com carinho. O amor que dedicamos às plantas e animais acalma o ser humano e funciona como relaxante natural.
4. Purifique seu Chacra limpando-o com azeite virgem, massageie os pontos de luz com azeite e deixe agir por 20 minutos, isso ajuda a nos livrarmos de mágoas e ressentimentos. Abre, purifica e restaura a energia que circula em cada Chacra.
5. RESPIRE, nunca esqueça de respirar; a respiração é essencial ao nosso corpo físico e estrutural à nossa projeção energética.
6. Ouça músicas que o façam cantar e dançar. Seja qual for o seu estilo preferido, a vibração de uma canção tem o poder de nos sentirmos vivos, aflorando a nossa emoção e abrindo o nosso canal com alegria.
7. Não deixe que a saudade sufoque, que a rotina acomode, que o medo impeça de tentar. Liberte-se! Sempre que puder, livre-se da rotina e pegue a estrada, nem que seja por um único dia. Conheça novos lugares e novas pessoas. **Viva a vida!**
8. Gaste mais horas realizando que sonhando, fazendo que planejando, vivendo que esperando, porque "embora quem quase morre esteja vivo, quem quase vive já morreu". O medo nos afasta das derrotas. Mas das vitórias também!

Anemismo mediúnico

O anemismo mediúnico ocorre quando um médium interfere no processo de incorporação e trabalha somente 50% de sua capacidade mediúnica. É um efeito muito perigoso e o médium não consegue sustentar esse estado por muito tempo.

O anemismo pode ocorrer em outras situações, uma delas é quando o médium quer saber mais do que as entidades, ou quer cobrar pelos trabalhos que faz e começa a viver da Umbanda.

Mas também pode acontecer de o médium estar passando por uma fase difícil da vida, como doenças graves de parentes, óbitos e etc., e este se encontra desestruturado. Então o melhor é se manter em oração, crer na entidade de luz que o ampara e não praticar atendimento até que se encontre em um estado emocional equilibrado.

Precisamos lembrar que somos nós que precisamos de evolução, não as entidades. Quantas vezes ouvimos absurdos, como um médium dizer que faz o favor de incorporar uma entidade porque ela precisa evoluir, mas não olha para os erros que comete e a arrogância que vive.

A vida espiritual não é para enriquecê-lo materialmente, mas sim para um engrandecimento espiritual, para você encontrar seu equilíbrio, sua essência. E com o crescimento espiritual, o crescimento dos outros campos é inevitável.

Todo médium deve tomar extremo cuidado com o seu EGO. Porque é cultivando o seu próprio EGO que o médium começa a trilhar o caminho de sua destruição.

EGO = MATERIAL (PASSA)
DEUS = ESPIRITUAL (PERMANECE)

A mediunidade atua constantemente no médium. A nossa conexão espiritual está sempre conosco durante todos os dias de nossa vida. E nós, como médiuns, não podemos deixar as energias negativas que estão circulando em nosso mundo nos contaminar, principalmente durante os trabalhos espirituais.

Outro ponto importante que devemos nos atentar é com a VAIDADE mediúnica. Não deixe que a vaidade tome conta das suas atitudes.

As entidades trazem sua sabedoria em si; se uma entidade é da linha médica, por exemplo, ela incorpora tanto em uma pessoa com pós-graduação como em uma pessoa analfabeta e trabalha da mesma forma. O médium deve ter equilíbrio estrutural e emocional para dar condição mediúnica para a entidade poder trabalhar com 100% de sua capacidade espiritual.

Capítulo VII

O Espiritismo

O Espiritismo é o estudo do espírito, onde o espírito vive após a morte do corpo material. Espiritismo – o oculto do espírito.

O Espiritismo tem como base o fato de que o espírito vem, através de suas evoluções, ajudar o progresso e o conhecimento terrestre, orientando sempre a evolução do homem dentro da luz de Deus.

O problema é que atualmente, em muitos lugares e aspectos, o Espiritismo está sendo usado para satisfazer o egocentrismo e a vaidade de homens e mulheres de má-fé que, com o seu egoísmo sem limites, acha que os espíritos são seus escravos e empregados, para trabalharem e usarem suas forças para satisfazer seus desejos pessoais.

Devemos viver no Espiritismo, na lei do amor, porque o verdadeiro significado do Espiritismo é o AMOR.

O que é ser espírita?

Ser espírita é pôr em prática sua fé em todos os minutos do dia. Aceitar-se, reciclar e mudar para melhor. Corrigir seus erros.

É fácil ser qualquer coisa, menos ser espírita, porque você necessita se encarar, se corrigir, se aceitar e melhorar.

VIVER NA LEI DE PEMBA E NA LEI DE DEUS.
"NÃO FAÇA AO PRÓXIMO O QUE NÃO
QUER QUE FAÇA PARA VOCÊ"
VIVER NOS DEZ MANDAMENTOS,
AS LEIS DE DEUS.

O que é religião?

A religião é a formação de grupos para estudar e seguir as palavras de Deus, mas, muitas vezes, os ensinamentos não são praticados. Hoje a religião é usada para enriquecimento rápido por alguns e manipulação das massas para conveniência de outros.

Devido à descrença do homem, ele é fácil de ser manipulado por espertalhões. Sua vaidade e a ganância por poder está levando-o à sua decadência e destruição. Precisamos mudar e voltar às nossas raízes e condutas morais, as quais estamos perdendo.

Os fundamentos espíritas

Os fundamentos espíritas se resumem em tudo aquilo que Jesus pregou na sua passagem pela Terra. Os povos sem limites e sem amor geram tudo isso que hoje está acontecendo de diferente, a violência e a descrença.

O fundamento do Espiritismo é a prática do amor pelo próximo e do respeito a tudo que Deus criou; é nesse campo que o bom espírita deve sempre praticar sua doutrina.

1º Fundamento: a prática do amor

Todos pensam que a prática do amor é a prática do sexo com a pessoa escolhida ou tomar posse da outra pessoa, filho, marido, esposa, e atuar sobre o espírito dessa pessoa porque a ama. Mas na verdade a prática do amor começa com você, a sua autoestima. O respeito com seu corpo, para consigo mesmo, é o primeiro exercício para a prática do amor.

O amor é uma lição para várias aulas e falaremos a todo momento, porque é o principal fundamento. Se você não pratica o amor-próprio e o respeito, não sabe como amar e respeitar seu próximo.

2º fundamento: energias e níveis espirituais

Vamos entender as energias do cosmos. O universo no seu todo é gerado e criado por energias. Tudo ao nosso redor gera e emana energia.

O espírito é pura energia que mantém o corpo físico em atuação. Todo ser de raça humana é criado ou passa pela vida achando que é o campo espiritual que necessita e depende do campo físico, quando na verdade o que ocorre é exatamente o contrário.

Os níveis de energia espiritual em atuação constante são que precisam de um corpo físico para evolução e aprendizado, portanto tudo depende do campo espiritual.

Melhor explicando: como começa a vida física? Esse corpo material?

Existem espíritos preparados para receber este dom maior, esses são os guardiões da terra e do homem. O homem foi criado para que pudesse ser uma purificação do espírito. É justamente aí que caímos em um dilema e em um parâmetro em que a aceitação humana não atua.

É o espírito que usa o homem, e não o contrário.

Situações de carmas, de crescimento e amadurecimento, de compreensão de sentimento são curadas no nascimento, vivenciadas no corpo físico.

Quando duas vidas começam como em uma gestação, tudo já está arranjado (planejado) no astral: a mãe e o pai, a família, o porquê desse espírito neste meio, tudo já está 100% às claras.

Observe que lá no astral tudo é o que é, não existem conchavos nem politicagem, não existem acordos posteriores ou desditos... o que está acertado está, e ponto-final.

Durante a gestação o espírito ainda não ocupa o corpo que está em processo de geração. É o espírito da mãe que atua para aquela matéria em formação. Somente aos seis meses de gestação é que o espírito que vai nascer é acompanhado para ver a família e romper laços, esclarecer carmas que tiver com aqueles espíritos com os quais vai conviver ao nascer. Contudo, de forma alguma queremos dizer que estamos de acordo com qualquer forma de aborto antes desse tempo – seis meses. Como dissemos, tudo já está planejado no momento da concepção (e até mesmo antes disso). Interromper esse plano é um processo complicadíssimo e com enormes e severas consequências.

Mas, muitas vezes, aquele espírito que vai nascer naquela família nada tem de vínculos anteriores, ele vai nascer ali para um aprendizado ou socorro futuro para aqueles que já estão encarnados.

Quando ocorre o nascimento e o espírito já ocupa seu corpo físico, começa ali uma missão de vida material. Suas qualidades, defeitos e dons que terá na terra, tudo é passado durante as primeiras 24 horas de vida. São gravadas em seu subconsciente e inconsciente para aflorar na hora certa. Portanto, preste atenção:

É o espírito que precisa do corpo, e não o contrário.

A energia emanada ao nascer pela família, pela gestação e pela criação, muito atua no espírito que ali começa sua missão.

3º Fundamento: autocontrole

Este é um tópico extremamente importante, porque tem muita influência no espírito. O autocontrole está ligado à nossa mediunidade, nossa incorporação, ao dom que você recebeu, à afinidade de trabalho com as entidades e ao nível de seus mentores ou guias.

O médium precisa manter seu autocontrole na mediunidade e estar sempre em ordem com seus pensamentos.

Problemas e dificuldades vão passar, mas você, médium, não pode perder o autocontrole. Ao perder o controle abre portas para espíritos das mais profundas e diferentes energias negativas.

Voltaremos a falar melhor sobre isto e debater a respeito, pois todos concordam que o autocontrole é a principal peça de um ser humano e de um espírito. A falta de autocontrole traz doenças físicas, materiais e os problemas só tendem a crescer e ficar mais difíceis e complicados.

4º Fundamento: o dom

O que é o dom?

Dádiva, presente, merecimento, mérito, dote natural, talento, aptidão, faculdade, capacidade, habilidade especial, poder, virtude.

Deus nos deu o Dom para poder equilibrar e controlar nossas leis naturais, porque o dom é físico, ele é que apresenta a qualificação de nossa evolução quando desencarnamos. Mas o livre-arbítrio é o nosso julgamento ou prova para certificar o nível de evolução que o espírito se encontra.

O Dom vem de Deus, ninguém toma ou dá; surge naturalmente desde cedo, já com pouca idade, e faz com que esta pessoa chame a atenção em especial. Como por exemplo, os músicos, bailarinos, artistas plásticos, médicos. Todos têm esses dons, mas o seu será você que tem de descobrir e despertá-lo para a humanidade. Ou seja, é você que decide utilizá-los.

Transmudar – alterar, mudar, modificar-se.
Transmutação – formação nova espécie/transmudar.

Capítulo VIII

Dimensões

Você já parou para pensar como nasceu o mundo?

Pense em todos os grandes avanços que aconteceram durante o processo evolutivo da humanidade. Será que todos os grandes avanços da humanidade são frutos somente do pensamento e da criatividade humana ou são processos guiados por uma atuação divina superior?

Todos nós somos e temos a mesma base: somos formados de energia, nêutrons, prótons, átomos e moléculas. É esse conjunto, harmônico e perfeito, que forma nossos órgãos, que começa a trabalhar em busca de uma solução quando nos deparamos com um problema, em especial o nosso cérebro.

Reflita: qual é seu posicionamento perante a vida? Você consegue transformar um problema em uma situação positiva? Vejamos como é a sua positividade.

Temos dentro de nós nossa consciência, nossa mediunidade está ligada ao nosso mental, portanto cada um de nós é médium, uns mais conscientes e atuantes, outros menos.

Tudo à nossa volta é espiritual, nós somos pura energia; tudo o que sentimos, o que geramos, o que criamos e o que expelimos e liberamos é só energia.

As energias espirituais são mantidas antes, durante e depois da matéria, é o espírito que precisa de um corpo; este formato é só mais uma fase para a evolução do espírito de todos nós. Portanto, nosso crescimento e desenvolvimento já estão determinados pela criação. Entenda: nossa evolução não para, estamos em constante transmutação, a própria vida dentro de cada um de nós, em tudo à nossa volta, é divino e espetacular.

Para entendermos a criação é preciso olhar em volta, a energia gravitacional como rotação e translação mantida pelo universo para a vida do planeta. E as energias circulantes que saem e entram do planeta gerado por ele e por tudo que tem vida na Terra. Somos seres de energias e luz pulsante e constante, isso faz parte da criação e do ser divino DEUS.

DEUS é a própria vida em nós, e em tudo que está à nossa volta. As energias criadas e liberadas pelo planeta são energias que saem para a dimensão do universo e, por sua vez, este recebe de volta as energias das dimensões que já existem em nossa volta pela criação.

A rotação da Terra está ligada à força gravitacional e à energia física e química, a energia material circulante e essencial para a vida no planeta.

A translação está ligada à energia quântica, por isso muito ligada às energias espirituais da Terra e da criação. Muito receptiva às energias do universo e do sistema solar.

São 12 as dimensões no total, mas foram reveladas ao homem as características e formações somente até as relativas à nona dimensão.

Como somos geradores e criadores de emoções e energias, esses sentimentos tomam forma, e aí nascem as dimensões ligadas à evolução do ser.

1ª Dimensão – LIMBO: é sustentada pelos campos vibratórios de sua própria criação; esses campos estão ligados a todos os sentimentos mundanos do homem: raiva, ódio, vingança, vícios, revolta, e ficam ligados a espíritos que necessitam dessa energia, pois estão na mesma afinidade dentro da criação. Entenda, é o seu próprio ser quem está gerando tudo isso. Observe que o homem é gerador de seu próprio sofrimento, mesmo após se desprender da matéria.

2ª Dimensão – VALE ou Cinturão de Purificação ou Trevas: esta vai mais além, mas ligada à primeira dimensão, onde se instalam espíritos revoltos e trevosos, que sabem de sua condição de sofrimento, mas não querem tomar ciência de sua própria geração. Ali se encontram assassinos, estripadores, estupradores, espíritos violentos cujos atos insanos levaram outros a grandes sofrimentos. Encontram-se também algumas regiões conhecidas como vales, como o Vale dos Suicidas e outros campos da criação onde o próprio espírito se põe naquela condição fétida e terrível, seu limite é interminável, até que esse espírito tenha aceitação e perdão dele para ele mesmo.

3ª Dimensão – PORTAL DE TRANSIÇÃO: é uma camada menos densa que a primeira e a segunda, e aqui as influências terrenas já não existem, aqui estão nossos irmãos e amigos trabalhadores espirituais ligados à evolução do ser, do homem e dos espíritos que ali vivem; todos passam e ficam por um período nessa dimensão para purificação do ser. Aqui está o ciclo de reencarnação e de projeção espiritual (gosto de brincar e chamar como acerto de contas ou momento de despertar). Ficamos nesse nível quando desprendemos do corpo físico e precisamos esperar tudo se ajeitar na criação. Uma das camadas mais visitadas por irmãos da Terra que fazem viajem astral. Aqui se decide sua caminhada astral.

4ª Dimensão – PLATAFORMA DE TRABALHO: esta é a primeira camada da luz onde permanecem os Guias e Entidades, Orixás e Guardiões do plano espiritual na Terra. Sua sustentação se dá aos Guardiões de Luz e campos de forças para o desenvolvimento dos planos. Aqui são recebidas nossas orações, preces, pedidos e onde também são executadas nossas curas e graças. Todos os espíritos, quando totalmente purificados e libertos dos seus vícios terrenos, passam por essa dimensão para dar continuidade à sua evolução espiritual; os seres existentes nesse plano não reencarnam mais, porém descem no plano da Terra para atendimento espiritual. Trazem-nos informações, lições, aprendizados, atuam direto com a humanidade na sua evolução. Ajudam e atuam também no ciclo reencarnatório de outros seres.

5ª Dimensão – PLANO DE EQUILÍBRIO NA LEI: aqui se encontra a segunda camada de luz. Sua força e poder são maiores, pois seus raios energéticos estão ligados ao centro da Terra. Ela passa por todas as vibrações para o equilíbrio do ser e das leis de Deus. Lá se mantêm os segredos do universo, do homem, geradores de outros seres de luz e formadores de espíritos para a evolução da Terra. Seres de extrema luz e poder, de onde vêm os espíritos que atuam na ciência, na medicina, na tecnologia, nas artes, na engenharia e ajudam nos descobrimentos da evolução terrena. Quando nascidos, são formadores de mudanças, opiniões e conduta moral da humanidade. Trazem em si a mudança da humanidade.

6ª Dimensão – PONTE: desligamento total das vidas passadas, purificação e cristalização de um ciclo de evolução. O espírito evolui e sai de um ciclo reencarnatório, que fica entre a primeira e a terceira dimensão, conhecido também como travessia. Os mentores dessa dimensão podem descer à Terra e atuar em todos os outros níveis sem perder sua luz e essência vibratória. São seres que de seu próprio íntimo geram o amor e a luz da divindade de Deus e da sua geração formam as cores e os sentidos da paz em todo o universo, são por essência os mantenedores do equilíbrio das leis.

7ª Dimensão – GUARDIÕES DA CRIAÇÃO: é um nível universal de guardiões da Terra, ligados à natureza do planeta, onde existe vida muito além do que se possa imaginar, divindades, onde se mantém o poder e a sustentação das divindades e dos irmãos espirituais de luz.

8ª e 9ª Dimensões – DEUS: dimensões dos mistérios divinos ligados à criação, Jesus, Deus, força do universo externo, mantenedores e sustentadores dos outros níveis. Início de tudo.

A criação vai até a 12ª dimensão, onde as 10ª e 11ª dimensões são os elementais da geração, e a 12ª dimensão ainda não foi revelada ao homem.

Precisamos ter ciência e noção do que está à nossa volta, do que somos, de onde viemos; tudo é muito maior do que possamos imaginar.

E aqui começamos a atuar e entender a atuação de tudo ao nosso redor, tudo já está criado e inventado, basta apenas aprender e aceitar nossa missão perante todo este universo.

Sua mediunidade não foi inventada por você, mas sim criada e gerada dentro do seu ser para sua evolução espiritual: aqui é apenas uma das várias caminhadas que seu ser irá passar. Suas entidades são seres de luz e de formação própria. Fomos escolhidos por eles, para nos ajudar na nossa vida evolutiva do ser.

Quem na verdade precisa de entendimento, aprendizado e evolução é você, médium, presente nesta vida, não suas entidades.

É claro que quando falamos e temos de aprender sobre luz é fácil, este nível energético é ótimo, mas aprender e conhecer o nível que o próprio homem cria, gera e mantém, aí é insuportável, pois os espíritos trevosos e malignos são – em verdade – o próprio homem em sua miséria espiritual. A ganância, a loucura pelo sucesso, os vícios, sua descrença, seu egoísmo e seu ego os leva a um abismo que ele nem imagina.

Por isso a pergunta: o que está fazendo por você?

Exatamente, meu irmão, o que está fazendo por você?

Ou você é daqueles que espera que os outros façam por você? Pois saiba: sua caminhada é solitária, porém assistida pelos Irmãos da Luz, que esperam pacientemente por sua jornada.

Então, vamos começar agora.

Comece a limpar e mudar suas energias e sintonias – permita-se!

Comece a conhecer o que você gera, o que você cria... Voltamos ao início de nosso estudo: comece a perceber o que está em volta, olhar o mundo. Já fizemos isso antes?

Então, está esperando o quê?

Ligue-se ao plano astral, conecte-se!

Vamos olhar esta dimensão e entender que fazemos parte dela, que tudo está em nós, parte de nós, e que aqui somos seres em entendimento e aprendizado.

Capítulo IX

Leis Universais

Conjunto das sete leis da vida

Vivemos dentro dessas leis, só não nos damos conta.

As Leis Universais são os conjuntos das Leis da Vida, criadas para que o homem como um todo tivesse limites e diretrizes de vida. Vivemos constantemente dentro da ordem dessas leis, mas ainda não nos demos conta disso.

O universo nos conduz enquanto passamos este período de vida na Terra, e agora vamos aprender como direcionar as energias do universo para nossa evolução.

1. Lei do universo – equilíbrio

Atua no equilíbrio da Criação, indiferentemente de qualquer coisa, fato ou acontecimento, esta lei está ativa. É uma energia mantenedora e criadora, pois mantém tudo o que é universal e natural em equilíbrio. Não temos poder de atuação sobre esta lei, mas a sua atuação em nós é constante. Exemplo: o dia, a noite, o tempo.

Quando esta lei entra em desequilíbrio afeta a natureza e é fatal, logo em seguida sofremos tragédias como tsunamis, furacões, maremotos, neve, seca e outros efeitos naturais.

2. Lei da vida – criação

Atua na criação, é a vida em si. Tudo nasce, cresce, amadurece, envelhece e morre. Aqui a ativação energética é transmutadora, pois está ligada na essência humana, células, moléculas, átomos e nêutrons. Vivenciamos esta lei em todos os segundos da nossa vida, somos parte dela.

3. Lei de ação e reação – tempo

Esta lei está ligada na influência do tempo. É o equilíbrio universal em cima da humanidade e do homem, toda ação gera uma reação universal. Os conjuntos de muitas leis estão envolvidos nesta lei porque ela é atuante e energética.

Energia transmutadora, equilibradora e ativa. Quando a força da vida atua sobre o ser dentro desta lei ela é avassaladora, pois cobra, condena e executa todos os seus atos negativos e positivos.

A lei de ação e reação atua diretamente nos limites do ser.

4. Lei do perdão – essência humana

Esta lei está ligada aos sentimentos mundanos do homem e do ser como um todo. Lei geradora de energias nocivas à nossa vida se não praticada diariamente, não com os outros, mas conosco em primeiro lugar.

Qual é o seu grande problema de desespero?

Seu desespero é espiritual ou material?

O espírito leva junto de si todos os seus sentimentos, dos mais fáceis aos mais difíceis. Muitas vezes, para algumas pessoas, é tão fácil guardar rancor e para outras é tão difícil perdoar.

Este é o legado que foi deixado por Cristo (Oxalá), quando ele perdoa os homens que o crucificam: amor, caridade, perdão. Deus quer que você apenas seja sua própria essência e que se aceite. Poder evoluir com o mundo e com o espaço, aprimorar e aceitar-se. Perdoar a si próprio para depois perdoar o outro, este é o segredo.

5. Lei de pemba – direção

"NÃO FAÇA A TEU IRMÃO O QUE VOCÊ NÃO QUER QUE OS OUTROS FAÇAM A VOCÊ."

Esta lei esta ligada a tudo que nos foi passado até hoje pelos sábios, mentores e médiuns, cientistas, estudiosos, espíritos inspirados pelo plano espiritual para a evolução da humanidade.

Aqui estudaremos alguns salmos, pois estes fazem parte de nosso acervo e muito nos dizem. Então vamos revê-los com mais profundidade.

SALMO 27

"O senhor é a minha luz. O senhor é a salvação da minha vida. O senhor protege minha vida. Quem me aterrará? Quando me atacam os malvados para derrotar-me a carne, meus adversários e inimigos tropeçam e caem. Erga-se um exército contra mim, não temerá o meu coração. Surja uma guerra contra mim: ainda assim confiarei. Uma só coisa pedi ao Senhor: habitar em sua morada em todos os dias da minha vida. Gozar a suavidade do Senhor e contemplar o seu templo. Por que me abrigará sob sua tenda nos dias maus, ocultar-me-á na sua morada sobre um rochedo. Então minha fronte se erguerá acima dos inimigos que me cercam e com júbilo imolarei no santuário, cantarei e louvarei ao Senhor. Ouve o Senhor a minha voz. Clamo-te. Tem compaixão de mim, atende-me. Meu coração te fala, meu olhar te procura e busco a tua face, Senhor! Não me escondas o teu semblante, não afastes com ira o seu servo. És meu auxílio, não me rejeites; não me abandones. Deus, meu salvador. Se meu pai e minha mãe me deixarem, Deus me acolherá! Ensina-me, Senhor, o meu caminho! Guia-me por veredas planas, apesar dos meus inimigos. Não me entregues à ira dos meus inimigos, pois surgiram contra mim falsas testemunhas e espalharam mentiras. Estou certo! Verei a bondade do Senhor na terra dos vivos. Espera no Senhor! Sê forte! Firme-se teu coração! Espera no Senhor! Ele fortalecerá o teu coração."

Como você se vê no universo e onde você se localiza nele? A resposta a esta pergunta precisa estar muito nítida em sua mente.

A sua aceitação é muito importante para sua evolução. As forças do universo, ou as forças de Deus, são enviadas por meio de nossa conexão mental. Assim como a irradiação mediúnica e a conexão com nossos guias e mentores espirituais. Apenas o que enxergamos aos olhos materiais são os milagres diários de Deus, como o sol, a chuva, a natureza e a vida que corre em nós diariamente.

Entregando-se totalmente a Deus, confiando que assim Ele o guia, o orienta, mesmo na dor, nas dificuldades, confiar que Deus o guiará e a dor lhe servirá para salvação. Confie em Deus e deixe sua vida e sua evolução acontecer, porque Deus colocará em sua vida situações e problemas para que você resolva e possa aprender o que você necessita. Não reclame, nem rejeite sua vida, confie em Deus porque Ele sabe o que você precisa para evoluir.

SALMO 32 – SALMO DO PERDÃO

"Bem-aventurado é aquele que se perdoou à maldade, e cujo pecado foi absolvido! Bem-aventurado é o homem cujas culpas o Senhor não olha, e cujo espírito não se enreda em falsidade. Enquanto me calei, meus ossos definharam e eu gemia sem cessar. Porquanto dia e noite Tua mão pesava sobre mim e esvaiam-se minhas forças como debaixo de ardores estivais. Confessei-te, enfim, o meu pecado e não mais escondi a minha culpa. Falei: Senhor, confessar-te-ei as minhas faltas, e perdoaste-me o pecado. Por isso, a ti reze todo fiel ao ferir-se com alguma desgraça! Então embora rompam muitas águas, não atingirão. Foste meu refúgio, salvaste-me da aflição, e cercaste-me com júbilo da salvação. Vou instruir-te e ensinar-te o caminho que deves trilhar. Dar-te-ei um conselho com os olhos pousados sobre ti. Não tornes a ser como um animal e como um muar que não pensa, que só ao freio e a rédea submete os seus ímpetos, aos quais, de outro modo, não chegam a ti! Os ímpios sofrem muitas dores, mas quem confia no Senhor vive rodeado de graças! Alegrai-vos no Senhor, regozijai-vos todos, vós retos de coração."

Ao aplicar este salmo dentro da Umbanda, é preciso uma determinação: como médium você deve praticar este ensinamento na tua vida. "Não se enredar de falsidades, pois assim seus ossos definham e você chora de dor". Faze-me justiça, ó Deus, movimenta as leis do universo e livra-me da injustiça, livra-me do ímpio, do meu próprio ímpio, do homem fraudulento e injusto. Neste momento, esse salmo invoca as leis de Deus, a Lei de Pemba para que eu possa livrar-me dos meus erros, das minhas injustiças, do meu próprio ímpio. As três leis a seguir estão ligadas diretamente à lei de pemba e à lei astral das linhas dos mestres superiores.

1º Mandamento "Crer em Deus": Entregar-se a suas lições e usar seu potencial para caridade pura, não a de levar vantagens. A entrega de sua vida, de sua essência total, sem barganhas. Entregar-se a Deus sem queixas. Você é capaz?

2º Mandamento "Reparar os seus erros, reconhecimento e perdão": A maior e mais poderosa Lei que existe no universo e em nossas mentes, e o corpo reage à mente. Sendo assim, as doenças do nosso espírito e da nossa mente passam para nosso corpo, gerando má formação nas células e doenças, como o câncer. Mágoas, tristezas, falta de aceitação, obsessões em que você é seu próprio obsessor e carrasco; isto causa danos mentais irreparáveis e de difícil cura. Ser acusado e acusador só atrai grandes perturbações espirituais e o afastam dos caminhos de Deus, pois o levam para a dúvida e para a falta de fé.

Assuma seus erros, aceite suas falhas, seus defeitos, corrija-se. Creia em Deus, repare seus erros e perdoe. Deus proverá para que tudo se encaixe, o tempo trará as soluções.

3º Mandamento "Aparta-te do mal e faz o bem" – Lei de ação e reação: Não fazer o seu próximo, o seu irmão em Deus, sofrer usando sua mediunidade de forma suja e escura. Todo e qualquer mal que praticar ou trabalhos que realizar de negatividade para seu próximo recairá em você total ou parcialmente, mas responderá perante as leis maiores. E todo o mal que gerou a seu próximo irá responder por ele, e retornará em outras reencarnações em sofrimento para aprendizado e purificação de seu espírito. Isso não é a ira ou castigo divino, mas sim a lei da natureza, do universo, **pois somos um espírito em um corpo para evolução, e não o contrário**.

SALMO 37 – O DESTINO DO JUSTO E DO ÍMPIO

"Não te exasperes por causa dos ímpios, não invejes os malfeitores. Pois murcharão tão depressa como feno e secarão como a relva verde. Confia no Senhor e faze o bem, habita a terra e cultiva a fidelidade! Põe tuas delícias no Senhor e Ele realizará os desejos de teu coração. Confia teu caminho ao Senhor e n'Ele espera! Ele atuará. Ele fará surgir tua justiça como a aurora, e teu direito como o meio-dia. Descansa no Senhor e espera n'Ele! Não te exaspere a sorte dos que prosperam nem a do homem que tece intrigas! Acalma a ira, reprime o furor, não te exasperes! – Isso levaria para o mal. Porque os malfeitores serão desarraigados, mas os que esperam no Senhor herdarão a terra. Pois ainda um pouco, o ímpio não existirá, olhará para o seu lugar, e não aparecerá. Mas os humildes possuirão e desfrutarão de abundância e paz. O ímpio tece intrigas contra o justo e contra ele range os dentes. O Senhor, porém, ri do ímpio, porque vê que seu dia está chegando. Os ímpios empunham a espada e retesam o arco para abater o humilde e o pobre, e trucidar os que andam no caminho reto. Mas a espada lhes atravessará o coração, e seus arcos serão quebrados. Mais vale o pouco do justo do que a fartura de muitos ímpios. Pois aos ímpios serão quebrados os braços; os justos, porém, o Senhor sustentará. O Senhor conhece os dias dos homens íntegros, e sua herança permanecerá para sempre. Não ficarão decepcionados no tempo da desgraça, nos dias de fome serão saciados. Sim, os ímpios perecerão; os inimigos do Senhor desaparecem como as belezas dos prados, dissipam-se como a fumaça. O ímpio pede emprestado e não devolve; o justo se compadece e dá. Sim, os que Ele abençoar possuirão a terra, mas os que Ele amaldiçoar serão exterminados. Os passos de um homem bom são confirmados pelo Senhor, deleita-se no seu caminho. Se cair não ficará prostrado, porque o Senhor o sustenta pela mão. Fui jovem e já estou velho, e nunca vi um justo abandonado nem seus descendentes mendigando pão. Ele sempre se compadece e sabe emprestar, e sua descendência é uma bênção. Aparta-te do mal e faze o bem, e terás morada para sempre. Porque o Senhor ama o que é justo e não abandona os que lhe são fiéis. Esses serão resguardados para todo o sempre, mas a descendência dos ímpios extinguir-se-á. Os justos possuirão a terra e a habitarão para sempre. A boca do justo fala sabiamente e sua língua enuncia o direito. A lei de Deus está em seu coração e seus passos não vacilam. O ímpio espreita o justo procurando exterminá-lo. O Senhor, porém, não o entrega em suas mãos nem permite que o condenem no tribunal. Espera no Senhor e segue seu caminho! Ele te dará a posse da terra e verás exterminados os ímpios. Vi o ímpio opressor expandir-se como a árvore frondosa. Tornei a passar, e ele já não existia; procurei e não o encontrei. Observa o homem íntegro e olha o homem reto: a um porvir para o homem perfeito. Mas os rebeldes serão exterminados em massa, a posteridade dos ímpios será extirpada. A salvação dos justos vem do Senhor, ele e sua fortaleza no tempo da angústia. E o Senhor os ajudará e os livrará, Ele os livrará dos ímpios e os salvará. Porquanto confias nele."

O que é o bem e o mal para você? O que para muitos é o bem para outros é o mal e vice-versa. O mundo divide-se em várias religiões, seitas e ceticismos, mas Deus não está nas religiões nem nos templos, nem nos homens que não entendem o que já foi dito e querem superar seu criador.

O homem criado à imagem e semelhança de Deus, que acha que toda força universal está em suas mãos, com membros superiores e inferiores mais definidos que o de outras espécies. Que já não se acha tão animal devido à sua inteligência, à sua tecnologia. Mas é este o mesmo ser que mata outro ser como ele, que perde seus valores e esquece sua existência. Este mesmo ser que se deixa levar pela fraqueza de espírito e se entrega à ganância, ao egoísmo, ao individualismo, à vaidade e a atos terríveis que jamais outra espécie cometeu.

Então Deus começa a reorganizar sua criação e nos mostra que não somos nada. Onde acontecem as catástrofes, como tsunamis, tufões e tempestades, vulcões e terremotos; assim a terra nos devolve o que damos a ela e Deus mostra quem manda, colocando-nos em nossos devidos lugares. "Tu veio do pó, ao pó voltarás. Tu és um espírito que saiu de mim (DEUS) e a mim como espírito voltarás".

Cada um pode ser bom ou ser mal. O seu mal é pessoal e fica escondido, mascarado. A grande maioria das pessoas coloca-se no lugar de vítimas e acha que os outros são maus com ela e não enxerga que está sendo má com outras pessoas, que também têm inveja e cultiva raiva de outras pessoas.

E você? Será que você é capaz de ajudar alguém necessitado e praticar o bem que você prega?

Nossas percepções são importantes para nossa vida. Ninguém levanta de manhã e decide que naquele dia ela não utilizará seu olfato, ou seu paladar. Todos possuímos cinco sentidos (tato, olfato, paladar, visão e audição) e os usamos constantemente.

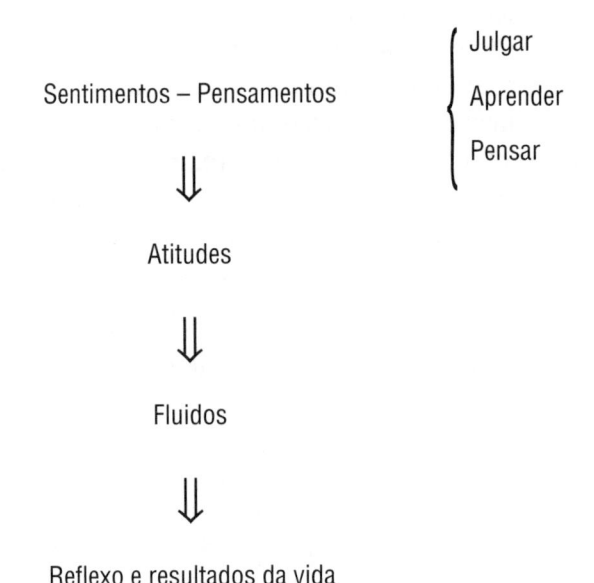

```
Sentimentos – Pensamentos      ⎧ Julgar
                               ⎨ Aprender
         ⇓                     ⎩ Pensar

       Atitudes

         ⇓

       Fluidos

         ⇓

Reflexo e resultados da vida
```

Além dos cinco sentidos, precisamos desenvolver nossa inteligência e a elevarmos a um sentido. Assim, com uma inteligência desenvolvida conseguimos perceber melhor o mundo a nosso redor e assim discernir o certo e o errado.

Porém, cada indivíduo tem uma inteligência e uma percepção pessoal; por isso, o entender de certo e errado é diferente para cada um de nós. A verdade é que não existe certo ou errado, mas a percepção de cada um.

Na Umbanda o homem é apenas uma carcaça, o mais importante é a bagagem pessoal que o espírito traz consigo ao nascer, que são sentimentos como ódio, amor, egoísmo, gratidão, tristeza, alegria, inveja, compreensão, vaidade, ciúme, trauma, sensualidade, espiritualidade.

O espírito é movido por sentimentos e cada um escolhe quais sentimentos ele vai evoluir em seu espírito. Por exemplo, o espírito **egoísta** toma tudo e todos, olha apenas para o seu "EU"; pessoas assim geralmente têm vida sentimental complicada e a maioria acaba sozinha, pois sufoca a evolução de outro (como seu parceiro) e vive até o limite desse espírito que está sendo sugado e dominado. Esses espíritos egoístas são dominadores e sugam tudo à sua volta. Quase não bebem água, e têm muito apego material.

Para o espírito **ciumento** tudo é dele e tudo gira ao seu redor, possessivo e extremamente possuidor do que não lhe pertence. Sente muita mágoa e é totalmente mimado. O mundo gira em torno dele. Tudo quer comandar e determinar.

Já o espírito **odioso** tem várias reencarnações, ele não se desprende desse sentimento de dor e consumição. E o espírito **rancoroso** guarda tudo o que outras pessoas fazem para ele, precisa aprender a elevar-se e a perdoar.

Não aceite o sentimento de **inveja**, para que ela não o atinja. A sua inveja contra outro, sua insatisfação sobre sua vida, sobre você em todos os aspectos, também gera desequilíbrio e atrai sentimentos que seu ímpio o leva para trás. Deve-se sempre pensar que Deus nos defende contra todo o mal. Mas muitas vezes este mal está dentro de nós, somos deuses e demônios que geram sentimentos a todo momento. E podem ser bons ou ruins. Podem nos trazer alegrias ou tristezas. A inveja e concorrência mediúnica só levam o próprio médium a se prejudicar e a se desgastar. São sentimentos que não devem existir em corações que praticam a caridade com fé e amor, que são o legado que Jesus, nosso mestre, nos deixou.

Na história da humanidade podemos observar diversas épocas com diferentes costumes, culturas e civilizações, cada qual deixando seu legado. Hoje, porém, podemos notar diversas características dos povos antigos, como se a evolução se processasse em ciclos, e por que esses ciclos? Porque os mesmos sentimentos estão sendo cultuados.

E você que sentimentos cultiva em sua vida?

SALMO 40 – AGRADECIMENTO AO TEMPLO

"Esperei em Deus com confiança, e Ele se inclinou para mim, ouvindo o meu clamor. Tirou-me de uma cova da perdição, de um lamaçal imundo, pôs os meus pés sobre uma rocha e firmes tornou--me os passos. Pôs-me nos lábios um cântico novo, um hino a nosso Deus. Vejam muitos, temam reverentes e confiem em Deus. Feliz é o homem que pôs em Deus a sua esperança e não segue os idólatras nem os que vão para o erro. Deus, Deus meu, operaste maravilhas, não há quem Te seja semelhante nos Teus desígnios a nosso respeito.

Desejaria proclamá-los e contá-los, mas são muitos para serem enumerados. Não exigiste sacrifícios nem oblações, porém abriste-me os ouvidos; não pediste holocausto ou vítima expiatória. Por isso digo: eis-me aqui! No rolo do Livro está escrito sobre mim. Fazer Teu agrado. Deus é meu prazer e guardo a Tua Lei no coração. Disse a boa nova à grande assembleia e não fechei os lábios. Deus, Tu o sabes. Não ocultei Tua justiça no coração, mas difundi Tua fidelidade e auxílio. Não escondi Tua graça nem Tua lealdade na grande multidão. Deus, não me negues piedade! Guardem-me sempre a Tua graça e fidelidade! Pois me cercara muitas desgraças, minhas iniquidades atingiram-me e não as posso suportar. São mais numerosas que os cabelos de minha cabeça, por isso fiquei sem alento. Digna-te, Deus, libertar-me! Deus, apressa-Te em socorrer-me! Sejam confundidos e humilhados os que atentam sobre a minha vida! Recuem e encham-se de pejo os que tripudiam sobre a minha desgraça! Retirem-se cheios de confusão os que dizem: Ah! Ah! Ah! Exultem e alegrem-se em ti todos os que Te procuram. E repitam: Grande é Deus!, os que desejam Teu auxílio! Ah! Sou pobre e desvalido, mas o Senhor vela sobre mim. És meu auxílio e salvação: Meu Deus, não tardes mais!"

Neste salmo, Davi agradece no Templo, perante uma grande multidão, a graça de ter sido salvo da morte. Narra suas sensações, comparando a morte a uma grande cova cheia de lama, da qual foi salvo. Por esta razão, deseja publicamente cantar e transmitir aos outros sua experiência. Ressalta para a assistência que, como era comum naquela época, ele deveria oferecer um sacrifício a Deus antes de merecer a Sua graça, porém, nenhum sacrifício lhe fora exigido. Deus não exigiu nada dele e, apesar de seus defeitos, o salvou. Afirma a todos que o melhor modo de agradecer a Deus é dar graças, demonstrar alegria (cantando) e perseverar na busca da salvação.

Clamar sempre a Deus e agradecer sempre, não precisa sacrifício, apenas seu amor.

SALMO 43 – A JUSTIÇA

"Faz-me justiça, ó Deus! Defende minha causa ante um povo sem piedade! Livra-me do homem pérfido e mau! Pois és, ó Deus, o meu castelo, por que me rejeitaste? Por que entristeço à opressão dos inimigos? Envia Tua Luz e fidelidade: elas guiarão e me conduzirão ao

Teu monte santo e aos Teus tabernáculos. Entrarei no altar de Deus, do Deus do meu júbilo e alegrai e agradecer-te-ei ao som da cítara. Deus, Deus meu! Por que desfaleces, minha alma, e gemes no meu peito? Espera em Deus! Ainda O celebrarei, Ele que é meu Deus e salvador!"

No salmo 40, vimos a gratidão pura, a crença e a fé. No salmo 43 vimos a súplica pela justiça, mas qual será a verdadeira justiça, esta que temos que aceitar? Este salmo invoca as lei de Deus, a lei de pemba para que me livre dos meus erros, das minhas injustiças, do meu próprio ímpio.

"Faz-me justiça" – (quem não deve não teme), forças que movem o céu e a terra e movimentam o universo. Forças positivas e negativas. "Plantei minha causa contra gente ímpia. Livra-me do homem fraudulento e injusto" – livrai-me eu de mim mesmo, da minha fraude, do meu ímpio, da minha maldade para com os outros", aceitação e conhecimento de sua essência.

"Tu és Deus da minha fortaleza" – fortaleza minha, meu eu. E a sua rejeição e a sua rebeldia e revolta, tu és o teu próprio inimigo. Sua rebeldia, sua revolta, você é seu inimigo. "Envia a tua luz" – a luz da evolução e da mudança da força espacial da aceitação, "me conduza a teus tabernáculos", tira-me os rótulos e preconceitos, me liberta de mim mesmo para que eu me liberte dos outros. "Por que estás abatida, ó minha alma?" – Qual é o seu grande problema de desespero. Seu desespero é espiritual ou material?

O espírito leva consigo todos os sentimentos. Dos mais fáceis aos mais difíceis; muitas vezes para algumas pessoas é tão fácil guardar rancor. E para outras tão difícel perdoar.

Este é o legado da época de Cristo: amor, caridade, perdão. E Deus quer de você apenas que seja sua própria essência e que se aceite; que possa evoluir com o mundo e com o espaço, aprimorar nosso espírito, aceitar nosso espírito e nós mesmos.

A Lei de Pemba é isto: fazei o melhor para você e para os outros, não julgue para não ser julgado, não condene para não ser condenado. Esteja sempre pronto a escutar e ouvir, não só o seu próximo, mas a si mesmo, cuida de seu espaço e de seu universo com amor, cuidado, prece e agradecimento.

Não prejudique as suas qualidades, nem as qualidades alheias; não alimente seus defeitos, corrija-os. Seja feliz, pois o universo e a vida são um presente de Deus. Deus quer apenas que sejamos nossa essência.

Como diz nosso Guia Espiritual Flecha Ligeira, a nossa felicidade só é encontrada quando achamos nossa essência, e ali moramos em paz, com os nossos vizinhos, consciência, sonhos e ideais. Então encontramos tudo o que nos foi revelado por Deus ao nascermos e cumprimos suas ordens, que foi bem dita ao nosso ouvido. Vá, viva e seja feliz.

6. Lei do amor – sentido

Esta lei está ligada no sentido do **Ser**, sem amor nada se cria nem transforma. Sem amor tudo se torna vazio e frio. Por isso esta lei mexe no interior e na essência como um todo; aqui mora o conjunto das leis de Deus, das leis espirituais e materiais. Energia ativa geradora e evolutiva tem o poder de transformar tudo o que toca e que realiza. Poder de criar no íntimo do Ser o que não existe no Universo e na humanidade.

7. Lei do magnetismo = atração – matéria

Esta lei está ligada ao magnetismo terreno, ela se conecta à energia universal e à energia centrípeta e centrífuga do prana áurico do homem, pois esta energia vital tem o magnetismo atrator da criação. Como funciona?

Pelas forças de atuação de tudo que o Ser (homem) deseja, pelo poder mental, gera ondas vibratórias que, em contato com o nosso corpo, que possui energias vitais que o mantém, como fala, visão, audição e pensamento (emoções). Por vezes estas ondas se projetam à energia universal. Então, tudo o que você ativa durante o seu dia e para sua vida você atrai, pelo poder desse magnetismo.

Ele é neutro, somos nós que conduzimos para energia positiva ou negativa.

O momento da criação é um todo, não existe separação. São as pessoas que criam tabus, cometem erros e ficam na ignorância.

Pensar gera uma ação e emite ondas de energias, sendo assim, nós abrimos vazão de ondas no espaço, essas ondas têm um efeito de vai-e-vem.

A lei da criação da vida se encarrega de ajustar tudo. Se em pensar se cria uma ação, a resposta gera uma reação a esse pensamento. A lei do universo, que é a energia do equilíbrio, entra na sua vida. Entender esse fundamento é primordial a sua evolução como Ser na criação.

Eu não posso matar, roubar, trair, desrespeitar e fazer o que eu quero, e depois Deus me perdoa. Não é assim que funciona a lei da criação do mundo, a sua regência é pura energia.

Para isso existem as leis universais, para que tudo o que Deus criou, todo esse universo flua em harmonia e ordem. Essas leis são passadas em várias religiões, mas não convém interpretá-las, pois ainda há muita ignorância na humanidade.

Hoje em dia as atitudes são diferentes das de antigamente. Vivemos em outra era. Poderíamos citar milhões de exemplos: Como não fazer o controle de natalidade? Como não economizar água? Como não ter esses controles sustentáveis no mundo? Devemos fazer nossa parte; nós, como médiuns e pessoas que vivemos neste século, devemos abrir nosso mental; quem não o abre torna-se uma pessoa de fácil manipulação.

As entidades espirituais de luz trazem a evolução para a humanidade. Além do universo é energia que estudamos, aprendemos sobre o autoconhecimento.

Vivemos todas as energias. E é essa a primeira lei. A lei do universo – equilíbrio. Já estudamos sobre a criação do mundo e a geração das entidades. Essa é a segunda lei – lei da vida. Nosso *big-bang*. Ambas as leis acima são constantes em nossas vidas. Estamos em constante lei de movimentação. Nascimento de filhos é a lei da criação. Relacionamentos, plantas que plantamos também fazem parte da lei da criação.

As leis da vida e da criação são ligadas à ciência. Há grandes descobertas e grandes cientistas. Muitas entidades estão ligadas a essas leis, pois elas trazem a evolução.

A terceira lei – ação e reação. É o tempo. Se eu pensar eu gero uma ação, a resposta do universo é uma reação. Assim é a nossa vida. Energeticamente falando, ela se potencializa em nossos sentimentos. Infelizmente o homem está se tornando muito negativo, egocêntrico, egoísta; ele se deixa contaminar e isso causa uma reação. Se você só reclama você recebe uma reação negativa. Tudo aquilo que potencializamos é a ação e reação.

    Dentro do trabalho da Umbanda essa lei é conhecida como a lei do retorno. Por exemplo, uma pessoa que paga um trabalho de morte. Essa pessoa responde, e não adianta falar que virou evangélica. Ela já fez. Supondo que a pessoa que vai sofrer esse trabalho é uma boa pessoa, trabalhadora, ou seja, ela não merece, pois está dentro dos conforme da lei. Esse trabalho vai voltar, pois há um escudo de proteção da lei e 70% são respondidas pela pessoa que mandou fazer. Se imaginarmos agora que essa pessoa que sofrerá a macumba não estiver dentro da lei e merecer, ela recebe 20% do trabalho. O resto volta para a pessoa que mandou fazer. Esse médium que fez o trabalho começa a ser influenciado por espíritos das trevas que alimentam seu ego.

    A lei tem muitas formas de se trabalhar. Mas as ações dessas pessoas geram uma reação. Elas começam a ficar doentes, com vários problemas. Então, resolve ir a um centro tomar passe, mas na verdade quando essa lei entra no retorno não há nada que se possa fazer. Essas pessoas são suas próprias macumbas.

    As entidades também usam a lei de ação e reação para nos colocar à prova. Muitas vezes as pessoas falam que acreditam nas entidades, mas até a próxima página. Elas creem porque é conveniente. Temos de entender que a lei de ação e reação é para tudo na vida. A reação é uma só. A lei é uma só para todos.

    A ignorância mediúnica pega as pessoas por essa lei, pois elas aprontam e depois acham que as entidades têm de resolver.

    Aí entram os programas de televisão que prometem mundos e fundos. Outra ignorância mediúnica é acender velas para as almas. Que almas? Hoje em dia, muitas pessoas morrem em desastres naturais, assassinadas, com doenças fatais, esses espíritos também são almas. Não se pode acender vela para as almas sem o respaldo de uma entidade de luz nos amparando.

    Por essas razões, a lei de ação e reação vem nos frear, colocar nossas incoerências na nossa realidade. Muitas pessoas não pensam, e isso é geral. Esta é ligada ao homem e em suas ações, por isso quem atua mais nessa lei é Exu, pois eles estão ligados à humanidade.

O Vale dos Suicidas é uma faixa de vibração dessa lei; muitas vezes tirar a própria vida gera uma reação. Devemos pensar muito nessa lei. A linha de suicida é apenas a pessoa com a lei, não interfere com outras pessoas, ou seja, não gera carma para a família, pois não é justo uma pessoa pagar pelos atos de outra pessoa. Na espiritualidade, aqui se faz, aqui se paga.

O carma é um choque no espírito; por exemplo, uma pessoa que morreu com traumas na hipófise. Quando nascer de novo, ela trará dores nesse local, podendo ter tumores, dores de cabeça, etc. Isso é carma na espiritualidade.

Na verdade, o carma como conhecemos aqui não existe na espiritualidade. Precisamos entender bem, pois às vezes falamos que é carma, mas na verdade não é, é apenas a lei de ação e reação.

Somos seres materialistas, só nos lembramos de rezar quando estamos em apuros. Por isso não devemos em hipótese alguma rezar para as almas sem respaldo. Quando rezar, prefira rezar para entidades de luz. Se você se encontra em desespero, reze para a linha socorrista, esta entra em ação e o poder de sua oração ajuda na irradiação de luz para o reequilíbrio.

Quando rezar para espíritos desencarnados, reze para a família, para os envolvidos, pois a linha socorrista entra em conexão com sua oração e os direciona; ela os ampara segundo suas necessidades. Devemos ter cuidado ao chamar parentes desencarnados, pois não sabemos sua história, os pormenores. Não se sabe como esse espírito se encontra ou que espíritos estão envolvidos. Saiba orar por tudo e todos, mas dentro da vontade de Deus. Confie!

"A imaginação é tudo, é uma visão antecipada das atrações da vida."

Einstein

Capítulo X

Umbanda

Umbanda é o conjunto das leis de Deus, em que o corpo espiritual se une ao corpo físico, trazendo a origem das leis de Deus de volta à mente do homem, onde ele faz questão de esquecer. Assim, a Umbanda vive na magia do próprio som, pela fascinação e plenitude do seu verbo, que exprime, por meio de seus Orixás, Guias e Protetores, a VERDADEIRA LUZ.

Lembre-se que grandes cientistas nas suas épocas e séculos, com suas grandiosas descobertas do futuro, eram chamados de loucos, de espíritos satânicos e bruxos. Hoje, o que seria do futuro sem esses grandiosos e iluminados espíritos?

Muitos pregam tanto a palavra de Deus ou a Bíblia, mas será que praticam mesmo as leis de Deus? Na verdade, o homem quer superar seu criador. A criação supera seu criador; eles sabem tudo, têm respostas para tudo, dividem os filhos de Deus dos filhos do demônio, têm todo e total poder e sabedoria de tudo o que acontece no céu e na terra. Mas são os mesmos que não cuidam de seu meio ambiente, do seu interior, de seu planeta. Por que então Deus tem de ser culpado pelas as atitudes que o homem pratica de forma errada?

Dizem que Deus vai libertá-lo porque você está amarrado e só a palavra de Deus liberta, mas, acorde, na verdade quem vai libertar você é você mesmo: seja consciente. Deus não vai prejudicar ou amaldiçoar sua própria criação, o homem tem que aceitar a realidade e parar de se esconder atrás de Deus, ou atrás disso ou daquilo. Se estiver passando por graves dificuldades, é por alguma atitude errada que você mesmo tomou ou deixou de tomar para isso não acontecer. Deus ainda nos deu o livre-arbítrio, a consciência e a inteligência. Portanto, use-os.

Por que a Umbanda muitas vezes é condenada? Pois se ela é um conjunto das leis divinas, o homem teria que mudar muito, lidar e encarar seus erros, e mudar é muito difícil.

Será que o homem está disposto a mudar? Então é mais fácil condenar.

A Umbanda é o centro único de forças maiores que move a vida na plenitude de sua essência, que é a natureza. Não existe pureza e força maior onde Deus, com sua grande sabedoria, criou e pôs ao homem seu equilíbrio e amor. Basta observar a natureza, as plantas, os animais, o universo e começamos a entender a plenitude da vida.

Com seus mentores ou guias, a Umbanda segue através de séculos trazendo os ensinamentos ao homem para sua melhora interna. Seus rituais de práticas de banhos, músicas (pontos) e danças fazem com que só melhoremos espiritualmente.

A Umbanda deve ser praticada, estudada, e sua prática deve ser diária e constante, com a prática do amor ao próximo e respeito ao universo e à natureza. O que devemos estudar são as atitudes e o comportamento dos encarnados que vivem na ilusão.

UMBANDA = VIDA = NATUREZA
MATERIAL X ESPIRITUAL =
REALIDADE X FANTASIA

Caminham juntos, temos que encarar e aceitar nossa realidade e pôr os pés no chão para não extrapolar o seu material, onde vive unido ao seu espiritual.

Não podemos viver na ilusão, fazer o que quisermos, meter os pés pelas mãos, fantasiar e achar que sairemos ilesos desta bravata, pois a vida irá cobrar e não existe entidade ou guia que tenha a obrigação de dar jeito na sua bagunça.

Não misture as coisas, seja sábio e raciocine.

Trabalhe pela realidade, sem fantasiar, dizendo que são trabalhos feitos (espirituais – macumbas). Primeiro veja a realidade (atitudes/comportamentos), depois veja como a parte espiritual está sendo tratada e, a partir daí, então concluir o que está acontecendo, se é material ou espiritual.

Nos passes as entidades fazem essa verificação do quadro clínico da pessoa e conclui se o desequilíbrio é material ou espiritual, a partir daí direciona seu trabalho.

FLUIDO X MATERIAL X ESPÍRITO
VOCÊ = ESSÊNCIA = PERSONALIDADE

Você deve se estudar. Sim, mas você essência, você como é sem fantasia ou ilusão. Precisa conhecer sua essência, ter definida sua personalidade, se conhecer profundamente para poder dividir a espiritualidade do material, para assim poder distinguir a realidade da fantasia.

Cultuar a sua essência só ajuda a fortalecer a sua personalidade. Quando se conhece bem a personalidade e a essência é fácil o desenvolvimento mediúnico, porque une a personalidade da entidade mais a sua, temos que saber diferenciar.

MATERIAL -:- X + ESPIRITUAL

É importante chegarmos à diferenciação de saber e entender o que precisamos aprender e começarmos a mudar, a aceitar.

Compreenda: o nosso espiritual está sempre com nosso material e se alimenta da nossa essência; a lei da ação e reação são as ações e atitudes que damos à vida.

Muitas vezes tomamos decisões que sentimos que estão erradas, mas nossa vaidade e nosso orgulho são maiores.

Sabemos que no futuro próximo terá uma reação e teremos que aceitá-la, mas mesmo assim vamos em frente, pois foi o que escolhemos.

Cuidado! Saiba usar sua mediunidade a seu favor, com coerência e concentração. Observe sempre o que está por vir antes de tomar qualquer atitude. Cinco minutos impensados da nossa vida podem destruir anos de trabalho, dedicação e amor.

Ação ➡ Reação
⬅_____ Influência do tempo

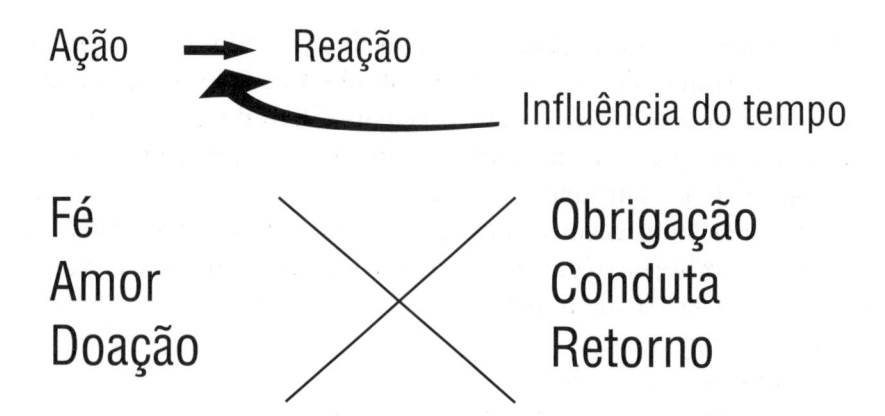

Fé   ╲ ╱   Obrigação
Amor   ╳   Conduta
Doação   ╱ ╲   Retorno

"Usar a criatividade com personalidade gera bons fluidos, não só mediúnico, mas também fluidos benéficos a nossa vida. Portanto, pense sempre!"

Cacique do Sol

Falar de Umbanda é muito complexo, pois ela é um conjunto das leis de Deus, e pode ser discutida de várias maneiras; muitas pessoas hoje em dia creem mais em livros do que na própria espiritualidade.

Em vários livros podemos encontrar que a Umbanda é uma religião nova que precisa ser estudada, mas se voltarmos no ano de 1945, a Umbanda já era falada e escrita para a informação de pessoas leigas que se interessavam sobre o assunto. Agora existe em nosso pensamento uma dúvida: como a Umbanda é uma religião nova se antes de eu pensar em nascer ela já existia?

Hoje percebemos que há vários tipos de livros e vários tipos de assuntos relacionados a ela, mas se voltarmos ao passado, veremos que tudo o que hoje em dia é comentado não tem nada a ver com o que era praticado antigamente.

A Umbanda é brasileira, porém, fundamentada em práticas e ritos africanos, pois a Umbanda nada mais é que um conjunto de magias e rituais que incluem fundamentos desde o Candomblé até o Catolicismo.

Para a prática de seus rituais, antigamente o negro usava os santos de barro católicos com as características do Orixá que era cultuado e representava naquela imagem o Orixá. Podemos admitir que muita coisa mudou na espiritualidade; Preto-Velho já sabe que se pedir um galho de arruda, não será mais encontrado no fundo de casa e que para achar uma pedra de cachoeira é mais difícil do que se imagina. Podemos ver que cuidados que eram tomados antigamente hoje em dia não se respeitam mais, quantas vezes vemos a natureza sendo agredida pelas obrigações dadas aos Orixás, pois não pensamos que a oferenda de hoje é o lixo de manhã, em quantos livros vemos várias receitas e materiais de trabalhos que são ensinados mas sem fundamento nenhum.

Umbanda não é isso.

É importante pensar no que se vai fazer e pedir orientação para a entidade de seu fundamento, usar sua intuição sempre.

Umbanda é viver o que ela realmente significa e o que ela nos demonstra a cada dia, o que ela nos propõe e o que ela prega para nos beneficiar.

Umbanda não é só religião, e sim evolução. Umbanda é um conjunto de leis divinas, pois ela nos prega lição de vida, uma fonte de verdadeira sabedoria, luz e fé.

Muitos terreiros fazem vários trabalhos em matas, pedreiras, praias e vários outros locais; desenvolvem, incorporam, fazem e acontecem, mas seus médiuns acabam contaminados e cheios de obsessores no corpo mediúnico, ou seja, temos que observar o que fazemos e o que o astral está trabalhando, e também devemos lembrar que nossa neutralidade durante os trabalhos é essencial. Não devemos misturar as coisas e as energias, não misturar a religião com nossos problemas; podemos ter nossas intuições separadamente e silenciosamente para que não misturemos as coisas; nossa vida tem que estar clara, nítida e limpa.

Quantas vezes nos deparamos com o termo "trabalhos feitos"? Muitas pessoas têm certa displicência e tudo o que acontece de negativo em sua vida foi certa pessoa que fez trabalho ou só quer lhe fazer mal. Esse tipo de pensamento atrai coisas negativas, simplesmente o que acontecerá em nossas vidas será negativo, não enxergamos as coisas e depositamos a culpa em nossas entidades. Primeiramente temos que observar nossas atitudes antes de cobrar de nossas entidades e antes de culpar o fulano que você acusa de ter feito magia negativa para você. Então, simplesmente temos que nos observar e não podemos vacilar e culpar as magias.

Precisamos trabalhar com realidade, claro que existem pessoas que fazem maldades, mas não podemos generalizar, e temos que lembrar que maldade não é trabalho feito, e sim ter inveja dos outros, maltratar outras pessoas e não se valorizar, pois Umbanda não é esta sujeira que se andam praticando hoje em dia. Temos que abrir nossos pensamentos e falar de uma Umbanda evoluída.

Claro que com bom senso, sem empavonar e mistificar a verdadeira essência da Umbanda.

Umbanda é a religião atual de mestres magos e ancestrais.

As leis da Umbanda

As leis que atuam no ritual de Umbanda são as sete leis espirituais que estudamos. Porém, a que mais impera no homem, devido às suas atitudes = egoísmos = Lei de Pemba.

Lei de Pemba: "Não faça ao seu próximo o que não quer que os outros façam a você".

Quando temos um terreiro aqui no mundo físico, temos uma ligação espiritual no plano astral, onde temos um guardião que cuida desse ponto, e aqui no mundo físico o chefe da casa se reporta a esse guardião de tudo o que é feito nesta casa.

Entidades de Umbanda são espíritos que estão numa faixa vibratória acima da oitava dimensão. Cada uma delas tem uma história a contar, porém nem todo Caboclo morreu de flechada no peito caçando onça e nem todo Preto-Velho foi escravo. Assim como nós temos Exus que foram médicos ou juízes. Mas o que importa no astral é o trabalho executado por aquele ponto de luz, e as almas que ali são libertas e encaminhadas.

A Umbanda está conectada com uma linha espiritual muito elevada, por isso muitas coisas que vemos por aí são apenas mistificação. Não é Umbanda.

Umbanda, conjunto das leis de Deus

O que é energia? O que é fluido? O que é psicopraxia?

A interferência das energias espirituais atuando sobre o plano material do médium que ali está se entregando.

Por que estudarmos os Orixás e as energias?

Simplesmente para sabermos o que estamos cultuando, para manter nossa fé ativa e sempre fortalecida. Quando falamos de Umbanda, de energia, englobamos todos os tipos de magia, de força e de luz, quando pegamos um cristal imaginamos sua origem e seus tipos. Assim é com todos os elementos que utilizamos nos trabalhos espirituais, o amor, a água.

O negativo de nossa mediunidade

Quem está no comando de sua cabeça?

Por que é importante sabermos sobre a nossa própria energia, conhecermos quais energias nos rodeiam e quais sensações que possuímos quando estamos trabalhando com nossas entidades, ou seja, por que é primordial conhecermos nossa própria mediunidade?

É preciso saber sobre tudo isso, porque somos suscetíveis a ataques espirituais e, desconhecendo nossa mediunidade, deixamos essas forças negativas agirem em nós.

A natureza humana possui em si duas polaridades, inclusive em nossos pensamentos: uma negativa e uma positiva, e quando deixamos estabelecer uma conexão mental com forças negativas, deixamos uma obsessão atuar.

Hoje muitos médiuns, com seus maus hábitos, pensamentos negativos, deixam que essas forças atuem em sua vida.

Lembre-se de que nós somos um espírito passando por uma experiência carnal. Não é a matéria que precisa do espírito.

Níveis espirituais dos terreiros de Umbanda

Nem todos os terreiros têm um mestre da 12ª dimensão ou um guardião ancestral; existem terreiros que estão situados nos níveis energéticos do limbo e das trevas.

Porém existem guardiões e entidades que trabalham para a luz atuando nas trevas.

O médium deve ter uma conduta moral correta para não deixar o negativo atuar na sua mediunidade.

Conclusão

Chegamos a um ponto em que é melhor parar. Se temos mais assuntos para passar a vocês? Vários, nem um, nem dois... Existe um universo inteiro ainda a ser repassado, assim como há outro universo inteiro a ser descoberto.

Esse é o verdadeiro mistério e a verdadeira maravilha do estudo da Umbanda e da energia ligada aos Orixás: quanto mais se estuda, quanto mais se conhece, mais se tem para saber... ou como diz o Pai José de Aruanda: "Quando pensamos que já sabemos tudo, está na hora de parar e começar a aprender tudo de novo... até mesmo porque já há um mundo totalmente novo para se aprender".

Podíamos falar dos Orixás, suas características, campos de atuação, entrar nos rituais da Umbanda, afinal de contas, justamente para poder compreender a imensidão desse universo é que começamos a estudar a energia. Mas, um passo de cada vez.

Agora é hora de voltar lá para a página 1 e reler. Afinal de contas, você pegou este livro por um motivo muito claro: para responder a uma pergunta que estava martelando sua cabeça e para a qual você, ainda, não tinha uma resposta.

Você é médium, e agora?

E agora você já sabe que ser médium não é um bicho de sete cabeças, não é uma coisa ruim, não é um fardo e não é nada com o qual você não possa lidar. Não tenha medo de conhecer sua energia, o que você flui, saiba se conhecer. É apenas algo que você vai ter de cuidar e que, se bem cuidado, se bem trabalhado, pode ser um dom maravilhoso, o qual pode ser utilizado em seu proveito, para seu desenvolvimento, para a sua evolução e de toda a humanidade.

Conhecer sobre energia é somente o primeiro passo e justamente porque cada passo é importante, vamos parar por aqui. Mas já vamos deixar o convite para que nos acompanhe no próximo passo, na evolução de nossa caminhada... que agora também é sua.

Por enquanto, estude mais um pouco sobre energia e conheça sempre mais sobre você mesmo, sobre esse dom maravilhoso que você tem e como pode colocá-lo à disposição das Forças Divinas – pois, afinal de contas, foram elas que lhe outorgaram a capacidade de ser esse ser de luz que você, eu e todos nós somos.

Fique em paz, siga sempre no caminho da luz e até o próximo caminhar.

Sim, você é médium. Agora é com você!

Ser Nobre

O que é ser nobre?
Que nome imponente ser nobre, será porque seu sangue é azul ou seu pai é rei?
Não, isso não é importante.
O que é ser nobre de sentimentos ou atitudes? Será isto mais importante do que um pai rei ou um sangue azul? Ora, meus irmãos, avaliem estas perguntas bem friamente: onde está a importância? Quais são suas atitudes e sentimentos nesses últimos tempos?
Será que você guarda em seu peito aquelas quinquilharias antigas, que não o levam a nada? Deixe esse espaço para outras coisas que sejam boas. Jogue fora sentimentos de dor e de mágoa por irmãos que o feriram.
Às vezes em nossos caminhos somos pisados e magoados por pessoas que ajudamos, amamos e muitas vezes que nem conhecemos, mas de repente o inoportuno nos afronta e aí nos pegamos xingando ou agredindo, desanimados, com raiva. Deus, por que colocastes em nossas vidas tantas injustiças e tantas peças, quantas provações e expiações passamos nesta terra? Pai todo-poderoso, por quê?
E eu vos respondo, meus irmãos, com a permissão de nosso pai: você está na terra para progredir espiritualmente. Já percebeu que mesmo o rico ou pobre, aquele que muito tem de bens na terra e aquele que nada tem, morrem iguais?

E meus irmãos, vão pesar as coisas pelas razões; portanto, aproveite o que lhe é dado; trabalhe e ganhe, porque você é abençoado para tanto o quanto queira, mas não se esqueça, seja nobre de ações.

Mas, pai, o que será ser nobre de ações e atitudes? Pois sou caridoso.

Será, meu irmão? É caridoso porque doa o que não lhe serve mais? Ser nobre de ações é agir e trilhar o caminho dos mandamentos e quando cair – sorrir, na blasfêmia – calar, na dor –, suportar, e quando querer morrer, viver na fé de Deus. Seu pai.

Saber que é abençoado, que seu pai o ama como você é, como criança no ventre de sua mãe. Saiba jogar sentimentos que o atrasem fora; não viva num passado que foi, numa saudade de tudo, uma vida que já viveu, mas agora precisa caminhar.

Levante então a cabeça, feche os olhos e respire a vida, sinta-a pulsar em você, veja como é feliz; seus órgãos todos funcionam; você está vivo, no senhor seu Deus. Agora inspire e jogue fora tudo que o aborrece, lembranças guardadas que ocupam o espaço do novo.

Lembrem-se, meus irmãos, a cada dia tudo recomeça, o sol de ontem não será o de hoje e o de hoje não será o de amanhã.

Portanto, todas suas células, sua corrente sanguínea, seus órgãos, a cada dia, trabalham diferente. Lembre-se: tudo é maravilhoso demais para que você se aborreça. Agora abra os olhos e veja um mundo novo que se transforma a todo instante.

O progresso do espaço e do espírito está no movimento, até as plantas, as montanhas que para você estão paradas, mas estão em constante movimento com a vida. Portanto não pare, enxugue suas lágrimas, levante sua cabeça, firme seus pés, limpe seu coração.

Sorria e prossiga, pois você é filho de DEUS, irmão de Jesus, e em todas as galáxias do espaço não existe sangue tão nobre como o seu.

Cacique do Sol

Uma Aula do Exu Guardião Marabô das Almas

> *"Sucesso.*
> *Rir muito e com frequência, ganhar o respeito de pessoas inteligentes e o afeto das crianças. Merecer a consideração de críticos honestos e suportar a traição de falsos amigos.*
> *Apreciar a beleza, encontrar o melhor nos outros, deixar o mundo um pouco melhor; seja por uma saudável criança, um canteiro de jardim ou uma redimida condição social. Saber ao menos que uma vida respirou mais fácil porque você viveu!*
> *Isso tudo é ter tido 'sucesso'."*
>
> Ralph Waldo Emerson – *O poder sem Limites*

O que chega à sua vida (quer seja bom ou ruim) você mesmo está atraindo pelo poder da atração. Tudo o que acontece na sua vida é você que atrai. É fruto do que você pensa.

Observe o que está pensando neste exato momento. Tudo o que está passando por você agora você está atraindo.

> *"Se você pensar que pode, ou que não pode, de qualquer modo você estará certo."*
>
> Henry Ford – 1863-1947.

Porque tudo aquilo que você teme, que se queixa, tudo aquilo que agradece, e tudo aquilo que foca sua atenção, VOCÊ ATRAI.

Tudo o que está à sua volta, agora, incluindo suas reclamações, você atraiu para a sua vida.

Eu sei que você não gostou de saber disso e pensará: "Eu não! Não atraio coisas ruins para mim". Mas acredite, aquela pessoa negativa, aquela doença, aquele problema. Asseguro-lhe, você atraiu, sim. E esse é um dos conceitos mais difíceis de admitir e compreender, mas uma vez que você aceitar, modificará a sua vida.

Atente-se a um problema: a maioria das pessoas pensa no que não quer. Quem pensa no que não quer, atrai aquilo que não quer. Porque nós atraímos o que pensamos.

A maneira mais simples de entender a Lei da Atração é enxergar-se como um ímã. Todos nós funcionamos, naturalmente, como ímãs.

A Lei da Atração diz que semelhantes atraem semelhantes. Pensamentos atraem fatos. O que você visualizar em sua mente, você segurará em sua mão. O nosso trabalho é pensar no que queremos e deixar isso absolutamente claro na nossa mente. A partir daí começamos a invocar a maior lei do Universo: a Lei de Atração.

Você atrai aquilo em que mais pensa, então, torna-se aquilo em que pensa.

O princípio da Lei da Atração pode ser resumido em quatro palavras: **PENSAMENTOS TRANSFORMAM-SE EM FATOS**.

Cientificamente, todo pensamento tem uma frequência constatável, que se pode medir num simples eletroencefalograma.

Quando você fixa o seu pensamento em excelente saúde, no amor, na sua alma gêmea, na casa dos seus sonhos com pessoas queridas à sua volta, em um carro novo, você sintoniza uma determinada frequência e emite sinais. Os seus pensamentos emitem um sinal magnético, que atrai um sinal semelhante para você.

Veja-se vivendo em abundância e você atrairá a abundância. Isso ocorre sempre e com todas as pessoas. A Lei da Atração não percebe se você julga que algo é bom ou ruim, ou se você não quer isso e quer aquilo.

A Lei da Atração apenas responde aos seus pensamentos. Por isso, pare de pensar em desentendimentos, em doenças, em dívidas, em tristezas. Porque esses são os sinais que você está emitindo para o universo.

Quando você se sente alegre, feliz, em todos os níveis do seu ser, emite os comandos de felicidade e alegria para o universo. Assim, receberá alegria e felicidade cada vez mais.

Quando você está olhando para alguma coisa, deseja-a e diz sim, mentalmente, você está ativando um pensamento, emitindo uma vibração. A Lei da Atração responde a esse pensamento trazendo-lhe essa coisa.

E quando você olha algo que não deseja e grita dentro de você um não, de fato não o repele. Ao contrário, você ativa o seu pensamento e a Lei da Atração alinha essa coisa com você. Se você está observando, ou imaginando algo, está ativando a Lei da Atração.

Coloque todas as suas metas por escrito e dedique um tempo para visualizá-las e dar-lhes energia mental DIARIAMENTE por alguns minutos.

Não é necessário que se dedique a monitorar seus pensamentos todo o tempo para saber se está atraindo coisas boas ou não, seus sentimentos são os melhores ajudantes e eles dirão:

Quando você está se sentindo bem, ATRAI COISAS POSITIVAS. Quando você está se sentindo mal, ATRAI COISAS NEGATIVAS.

Quer saber o que está atraindo agora?

Pergunte-se: Como me sinto?

Então encontrá a resposta a tudo o que acontece com você. Se todo o tempo está de mau humor, é lógico que só recebe coisas que não deseja, ou que suas condições de vida não sejam como desejaria.

É necessário observar o seguinte: "é cientificamente comprovado que um pensamento positivo é centenas de vezes mais poderoso que um pensamento negativo".

"Assim sendo, elimina-se uma preocupação com pensamentos otimistas".

"O UNIVERSO SEMPRE ESTÁ OUVINDO SEUS PEDIDOS. APENAS PEÇA E RECEBERÁ!"

Ao se levantar toda manhã e ao se deitar para dormir, agradeça por tudo o que tem de bom. Isso faz com que fixemos o pensamento nas coisas boas que recebemos e ativemos a nossa energia positiva. Sermos gratos pelo bem que nos dedicam e pelas coisas materiais que temos é fundamental e faz-nos sentir bem. E a gratidão traz ainda mais alegrias para a nossa vida. Quando você visualiza, você materializa.

Algumas pessoas dirão que pedem, mas nada acontece. Veja, quando você pede, está em dia com o passo número um, o Pedir. O passo número dois é o Responder. O universo responde, sempre responde, sem exceção. Você deve compreender o terceiro passo: o Receber. Você tem de alinhar-se com o que está pedindo. Você se sente esplêndido quando está alinhado com o que quer.

Essa sensação é o que se conhece por entusiasmo, alegria, gratidão. Mas quando você sente inveja, mágoa, raiva, demonstra fortes indicadores de que não está em alinhamento com o que está pedindo.

Quando você passa a dar-se conta de que o modo como você se sente é tudo, passa a direcionar seus pensamentos com base em como se sente, pouco a pouco você encontrará o pensamento e o sentimento corretos. Assim, o que você pediu se manifestará na sua vida. Esse é o Processo de Criação.

Algumas pessoas entusiasmam-se com tudo o que está sendo demonstrado aqui e afirmam: "Agora que conheço a Lei da Atração vou mudar a minha vida!".

Seguem os passos, mas os resultados não aparecem no tempo em que desejam. Então pensam, dizem: "Essa Lei não funciona!". E o universo responde-lhes:

"O seu desejo é o meu comando!".

Tudo o que somos e temos hoje é o resultado daquilo que pensamos e sentimos no passado.

Muitas pessoas olham para a sua vida e dizem: Isto é o que eu sou. Se você não tiver uma boa saúde, os relacionamentos que gostaria, ou muito dinheiro no banco, isso não é o que você é; isso é o resíduo dos seus antigos pensamentos e ações. A partir de agora, isso é o que você era! Nós vivemos hoje em face das ações e dos pensamentos do passado. Cuidado! Jamais se fixe nas experiências difíceis e tristes do passado, porque você estará vibrando para receber o mesmo. Mude o seu modo de pensar! Acredite na renovação!

Você deve estar pensando: como posso atrair muito dinheiro para a minha vida?

O seu trabalho é declarar o que deseja do Catálogo do Universo. Se for dinheiro, diga o quanto quer receber, como: Eu quero receber cem mil reais, uma renda inesperada. Não pense em dinheiro para quitar dívidas. Lembre-se de que você atrai o que pensa.

Tudo o que você está plasmando na sua mente você atrairá. Se você estiver pensando em dívida, atrairá dívida. Pense na abundância. Lembre-se de que o seu desejo é o comando do Universo. "O seu desejo é o meu comando!".

Quando você comenta com alguém que não tem dinheiro suficiente, ou está-se sentindo infeliz por não ter o dinheiro de que precisa, está vibrando a escassez.

Mude! Vibre a Abundância!

Você é a primeira pessoa que entra no relacionamento a dois. Você tem de estar profundamente apaixonada por você para que os outros se apaixonem também. Se você não gosta da sua forma física e da sua companhia, como os outros gostarão? Sinta-se bonito e feliz com a sua companhia e os outros sentirão o mesmo.

Se você quer ter bons relacionamentos, fixe a sua mente nas boas qualidades dos seus familiares, dos seus amigos, dos seus colegas, dos seus funcionários. Jamais reclame de nenhum deles.

O Universo é abundante em bem-estar. O nosso Mundo é baseado no bem-estar, e quando você permite que ele flua abundantemente, sente-se muito bem.

O nosso corpo usa um Programa Básico, denominado Autocura. Quando há doença, o nosso sistema imunológico elimina as bactérias. É muito difícil uma doença sobreviver em um corpo regido por uma mente saudável.

Literalmente, o corpo rejeita milhões de células antigas e fabrica células novas todos os dias: umas partes demoram cerca de dois meses, outras uns dois anos. O fato é que em alguns anos temos um corpo novo.

Mas, se você tem uma doença, foca o seu pensamento nela, reclama e comenta sobre ela, você criará mais células doentes. Pensamentos felizes conduzem a uma bioquímica essencialmente feliz, a um corpo saudável.

Pensamentos negativos e nervosismo degradam seriamente o funcionamento do nosso corpo, do cérebro. Os nossos pensamentos e emoções estão continuamente rearranjando-se, reorganizando-se, recriando o nosso corpo. Remova o estresse e o corpo fará o que foi projetado naturalmente para fazer: curar-se-á. A cura vem de dentro para fora. A diferença entre um derrotista e um esperançoso está na recuperação. Cure-se!

Aprenda a manter a tranquilidade. Aprenda a retirar sua atenção do que você não quer e da carga emocional que essas coisas envolvem.

FIXE SUA ATENÇÃO APENAS NO QUE VOCÊ DESEJA VIVER.

Pense na energia por um momento. Olhe para sua mão. A sua mão parece sólida, mas na verdade ela não o é. Se você a visualizar em um microscópio específico, verá uma massa de energia vibrando. Tudo é feito da mesma matéria-prima. A sua mão, o mar, uma estrela, tudo é Energia e a mesma Energia.

Deixe-me ajudar você a entender isso. Há o universo, onde está a nossa galáxia, onde está o nosso planeta, onde estão indivíduos. Dentro de cada corpo há um sistema de órgãos, onde há células, moléculas, átomos, energia. Tudo no universo é energia. Temos energia no corpo suficiente para iluminar uma cidade por quase uma semana.

TUDO NO UNIVERSO É ENERGIA!

Muitas pessoas se definem pelo seu corpo. Na verdade, somos energia. Se você perguntar a um físico quântico o que compõe o universo, ele dirá que é energia.

Peça-lhe para descrever o que é energia e ele lhe dirá que é algo que jamais pode ser criado ou destruído, sempre foi e sempre será, é tudo que existe e tudo que já existiu.

Então pergunte a um teólogo sobre quem criou o universo e ele lhe dirá que foi Deus. Então peça a esse teólogo para descrever Deus e ele lhe dirá que é algo que sempre foi e sempre será, que jamais pode ser criado ou destruído. É a mesma descrição da energia.

Somos a Energia-Fonte. A maioria das pessoas trabalha para se manter bem fisicamente, mas o corpo as distrai e as faz se esquecer do que realmente são. Somos feitos à imagem e à semelhança de Deus. Portanto, você é um ser eterno, você é uma divindade. O universo toma consciência de si mesmo, revelando possibilidades. No universo tudo está conectado.

Somos um Campo de Energia operando em um Campo de Energia. Cada um de nós é um campo infinito de possibilidades. Isso significa que temos poder e potencial divino para criar o nosso próprio universo. E você está criando o seu.

Decerto você criou algumas coisas maravilhosas, valiosas, e outras não. Analise se os resultados da sua vida hoje são o que você realmente quer. São todos valiosos? Caso não sejam, agora é o momento adequado para mudar, porque você tem poder para mudar o seu universo. Todos têm uma história difícil. O que realmente importa é o que você fará agora, o que você escolherá agora. "O seu desejo é o meu comando!".

Você pode manter o foco nos fatos desagradáveis do passado, ou mudá-lo. Quando as pessoas mantêm o foco no que elas querem, o que não quer perde a força. Você expandirá o que quiser e o resto desaparecerá.

Você pode libertar-se de padrões hereditários, de códigos culturais, de crenças sociais e provar que o poder dentro de você é maior do que o poder que vive na sociedade. É você quem gerencia o seu poder e quem cria o seu universo.

Você pode estar pensando: "Isso tudo parece muito bonito, mas eu não consigo fazer isso, ou Ela não me deixará fazer isso, ou Ele não me deixará fazer isso, ou Eu não tenho dinheiro suficiente para fazer isso, ou Eu não sou forte o suficiente para fazer isso".

Eu não..., Eu não..., Eu não... Todo "Eu não" é um ato criador. "O seu desejo é o meu comando!".

Nós somos seres ilimitados. As capacidades, os talentos, os dons e o poder que estão dentro de cada indivíduo neste planeta são ilimitados. Não há um quadro-negro em que esteja escrito qual é o objetivo da nossa vida, qual é a missão de cada um. Na verdade, o seu propósito de vida é o que você disser que é; a sua missão é a que você se der, a sua vida será como você a criar.

ACREDITE! VOCÊ PODE MUDAR
SUA VIDA AGORA!
COMECE AGORA MESMO SUA LISTA DE
PRIORIDADES E METAS.
REALIZE SEU SONHO!

SER FELIZ

É acordar como uma semente
Que acaba de brotar.
Como quando uma festa
Está para começar.
Como o mar que,
Dia após dia,
Vai e vem sempre de forma diferente,
Formando ondas às vezes calmas,
Às vezes turbulentas;
Mas com o vigor espumante de acontecer.

Cacique do Sol

MADRAS® Editora
CADASTRO/MALA DIRETA

Envie este cadastro preenchido e passará a receber informações dos nossos lançamentos, nas áreas que determinar.

Nome _____
RG _____ CPF _____
Endereço Residencial _____
Bairro _____ Cidade _____ Estado ____
CEP _____ Fone _____
E-mail _____
Sexo ❏ Fem. ❏ Masc.   Nascimento _____
Profissão _____ Escolaridade (Nível/Curso) _____

Você compra livros:
❏ livrarias   ❏ feiras   ❏ telefone   ❏ Sedex livro (reembolso postal mais rápido)
❏ outros: _____

Quais os tipos de literatura que você lê:
❏ Jurídicos   ❏ Pedagogia   ❏ Business   ❏ Romances/espíritas
❏ Esoterismo ❏ Psicologia ❏ Saúde   ❏ Espíritas/doutrinas
❏ Bruxaria   ❏ Autoajuda   ❏ Maçonaria   ❏ Outros:

Qual a sua opinião a respeito desta obra? _____
_____

Indique amigos que gostariam de receber MALA DIRETA:
Nome _____
Endereço Residencial _____
Bairro _____ Cidade _____ CEP _____

Nome do livro adquirido: <u>Sou Médium, o que Fazer Agora?</u>

Para receber catálogos, lista de preços e outras informações, escreva para:

MADRAS EDITORA LTDA.
Rua Paulo Gonçalves, 88 – Santana – 02403-020 – São Paulo/SP
Caixa Postal 12183 – CEP 02013-970 – SP
Tel.: (11) 2281-5555 – Fax.:(11) 2959-3090
www.madras.com.br

Este livro foi composto em Minion Pro, corpo 11,5/13.
Papel Offset 75g
Impressão e Acabamento
Orgráfic Gráfica e Editora — Rua Freguesia de Poiares, 133
— Vila Carmozina — São Paulo/SP
CEP 08290-440 — Tel.: (011) 2522-6368 — orcamento@orgrafic.com.br